Heinz Bude

Adorno für Ruinenkinder

Eine Geschichte von 1968

Carl Hanser Verlag

1. Auflage 2018

ISBN 978-3-446-25915-7
© Carl Hanser Verlag München 2018
Umschlag und Motiv: Peter-Andreas Hassiepen, München
Satz: Greiner & Reichel, Köln
Druck und Bindung: CPI books GmbH, Leck
Printed in Germany

MIX
Papier aus verantwortungs-
vollen Quellen
FSC® C083411

Für Karin und
für meine Brüder Achim und Rainer

Das Rettende auch
Friedrich Hölderlin

Inhalt

Die Perspektive 11
Der Blick von Hanna Schygulla 15
Das bloße Begehren 27
Ein Asyl für Obdachlose 41
Die erschrockene Seele 57
Letzte heiße Revolution, erste coole Revolte 73
Irgendwann ist der Faden gerissen 83
Die Übergabe 105

Literatur 123
Dank 127

Die Perspektive

1995 habe ich unter dem Titel *Das Altern einer Generation* eine besonders unter der angesprochenen Generation der 68er durchaus umstrittene Untersuchung über den Ursprung und die Wirkung der Jahrgänge 1938 bis 1948 veröffentlicht. Die waren im Ereigniszeitraum von 1968 zwischen zwanzig und dreißig Jahre alt. Dieses Buch hier ist ein Remix. Ein halbes Jahrhundert nach 1968 frage ich erneut nach der Rolle dieser Generation im Familienroman der Bundesrepublik. Erst kamen die Alten wie Adenauer, die das institutionelle Grundgerüst schufen, dann die Flakhelfer wie Enzensberger, die rieten, besser die Fahrpläne zu lesen, und dann als letzte Generation, die noch den Krieg erlebt hatte, die 68er, die den Aufstand probten. Ich selbst bin Mitte sechzig, und ich sehe die jetzt Siebzig- bis Achtzigjährigen vor mir, denen links und rechts die Altersgenossen wegsterben, und frage mich, ob die Bedeutung einer Generation zu ermessen nicht auch den Versuch darstellt, dem gerecht zu werden, was sonst unbemerkt bleiben würde.

Ich glaube nicht, dass ich der Sache nahekäme, wenn

ich mich mit jemandem, der sich irgendwie der 68er-Generation zurechnet, über den unglaublichen Umstand unterhalten würde, dass der Polizist mit dem Namen Karl-Heinz Kurras, der Benno Ohnesorg am 2. Juni 1967 bei den Protesten gegen den Staatsbesuch von Schah Reza Pahlavi von Persien auf einem Hinterhof in der Berliner Krummen Straße durch einen gezielten Kopfschuss getötet hat, ein geheimer Mitarbeiter der Staatssicherheit der DDR gewesen ist. Auch der ebenso unglaubliche Umstand, dass am 9. November 1969 der erste, zum Glück gescheiterte Bombenanschlag auf eine jüdische Einrichtung nach 1945 aus dem SDS heraus von den Tupamaros West-Berlin geplant worden ist, taugte kaum als Anlass für ein Gespräch, das berühren würde, um was es damals ging und was heute davon noch wichtig ist. Der Kalte Krieg war, wie die zeitgeschichtliche Forschung mehr und mehr zu Tage fördert, eben eine Art von Krieg.

Mit 1968 verbindet man die sexualpolitischen Experimente der Kommune 1, die Spaziergang-Demonstrationen nach der »Fisch-im-Wasser-des-Volkes-Methode« von Mao Zedong, die Joghurtbomben, den adventsbekränzten Fritz Teufel, die unbekümmerte Uschi Obermaier, die Praktiken des Sit-ins und des Go-ins, Parolen wie »Wer zweimal mit derselben pennt, gehört schon zum Establishment«, den Dadaismus von Rudi Dutschke, die Kinderläden, die Kritische Universität, die linken Buchläden, die Stadt- und Stadtteilzeitungen, die Roten Zellen in den

Betrieben, die Arbeiterfilme, »I Can't Get No« von den Rolling Stones, die Frage nach der sozialen Relevanz, die von Jimi Hendrix in Woodstock zerspielte amerikanische Nationalhymne, das Herstellen von Öffentlichkeit, die hochgereckten und schwarz behandschuhten Fäuste der US-amerikanischen Sprinter Tommie Smith und John Carlos auf dem Siegerpodest bei den Olympischen Sommerspielen von 1968 in Mexiko, die antiautoritäre Pädagogik, das Busenattentat auf Adorno im Hörsaal VI bei seiner letzten Vorlesung, die dieser in seinem Leben gehalten hat, den Zentralrat der umherschweifenden Haschrebellen, die Wiederentdeckung von Georg Lukács, Walter Benjamin, Rosa Luxemburg, Karl Korsch und natürlich der großen Theorie von Karl Marx und der berühmten 11. These über Feuerbach von 1845: »Die Philosophen haben die Welt nur verschieden interpretiert; es kömmt drauf an, sie zu verändern.« Nicht zuletzt Bob Dylans Stimme mit »The Times They Are A-Changin'« und den bewaffneten Kampf der Rote Armee Fraktion, kurz: der RAF. Aber verbinden auch die 68er ihre Lebenserfahrung damit?

Ich gehe noch einmal meine Gespräche von damals durch und versuche, einem Begriff von Karl Mannheim folgend, die Erlebnisschichtung von einer Kindheit im und kurz nach dem Krieg über die Rebellion gegen das Ganze und die Adaption ans Unveränderbare zu verfolgen. Vielleicht gelingt es mir, im möglichst präzisen Spekulieren über das Leben dieser Älteren zu erfassen, welchen Verwundungen sie ausgeliefert waren und welche inneren Widerstandskräfte sie daraus gewonnen haben. Dann könnte ich besser verstehen, was ich eigentlich von ihnen wollte.

Der Blick
von Hanna Schygulla

Anfang Januar 1987, als der Punk schon Geschichte geworden war und an die Öffnung der Mauer noch niemand dachte, traf ich in München Peter Märthesheimer. Auf ihn war ich gekommen, weil er gemeinsam mit seiner Frau Pea Fröhlich das Drehbuch zu Fassbinders *Die Ehe der Maria Braun* geschrieben hatte. Dieser Film war für mich deshalb so wichtig, weil er mich auf die Idee für mein erstes Buch über die Generationen der Bundesrepublik gebracht hatte. Ich war als Mittzwanziger auf der Stelle eines Wissenschaftlichen Mitarbeiters mit Promotionsambitionen auf der Suche nach einem Thema für mein intellektuelles Coming-out. Auf der Berlinale von 1979 lief der Film im Wettbewerb. So wie Hanna Schygulla unter der Regie von Rainer Werner Fassbinder eine junge Frau spielte, die nach einem verlorenen Krieg und dem exekutierten Völkermord den Anspruch auf ein eigenes Leben erhob, erlebte ich den Moment für meinen eigenen Start in die akademische Welt. Es war diese eigentümlich abwesende Anwesenheit nach 1945, der ich mich widmen wollte. Das Buch über die »letzten Helden des Führers« hieß dann

Deutsche Karrieren mit dem etwas verhobenen Untertitel *Lebenskonstruktionen sozialer Aufsteiger aus der Flakhelfer-Generation*. Wie konnten die um 1928 geborenen Schüler-Soldaten, die in der Endphase des Zweiten Weltkriegs an 8,8-cm-Flakgeschützen das Vaterland gegen die angloamerikanischen Bomberflotten verteidigt hatten, zur formativen Generation des vom Flakhelfer-Leutnant Helmut Schmidt so genannten »Modells Deutschland« werden? Damit ist die Generation von Karlheinz Stockhausen, Ernst Huberty, Joseph Ratzinger, Ingeborg Bachmann, wenn diese symbolische Naturalisierung einer Österreicherin erlaubt ist, Horst Ehmke oder Jürgen Habermas gemeint. Paul Kuhn, der als junger Mann den Jazz von den amerikanischen Besatzern gelernt hatte, hat 1963 die Hymne dieser Generation gesungen: »Es gibt kein Bier auf Hawaii (…), drum bleib ich hier.« Einen anderen Grund, im Land der Verlierer und Mörder zu bleiben, können die jungen Männer von den Flakgeschützen offenbar nicht erkennen. »Und nur vom Hula-Hula geht der Durst nicht weg.« Für mich lag die Lösung dieses Rätsels im weltabgewandt auf die Welt gerichteten Blick der Hanna Schygulla. Er verriet mir die Möglichkeit eines energischen Handelns für den sozialen Aufstieg aus dem historischen Nichts.

Der Mann, der sich gemeinsam mit seiner Frau diese Figur des Neubeginns ausgedacht hatte, sollte mich jetzt auf die Spur eines anderen Rätsels bringen. Mir war klar geworden, dass man die Unwahrscheinlichkeit der Bundesrepublik als ein westliches, liberales und stabiles Land mit einer im Zweifelsfall konkurrenzfähigen Wirtschaft nur dann begreifen kann, wenn man die Generation, die von der Zäsur von 1945 geprägt ist, im Zusammenhang mit der Generation sieht, die sich mit der Zäsur von 1968 einen Namen gemacht hat. Peter Märtesheimer schien mir der perfekte Mittelsmann zu sein. Er selbst war als Jahrgang 1937 ein früher 68er, der am Ende der ziemlich depressiven siebziger Jahre mit der Maria Braun eine Allegorie der 45er geschaffen hatte. In seiner Antwort auf meine Anfrage wegen eines Interviews hatte er zurückgeschrieben, es müsse sich noch herausstellen, ob er ein solcher 68er sei, den ich suche. Ich erinnere mich an einen hinter runden Brillengläsern sanft blickenden Mann mit klaren braunen Augen.

Er sei eigentlich kein richtiger 68er, weil er 1968 schon festangestellter Redakteur und nicht auf der Straße gewesen sei. Im Übrigen habe er die damaligen Aktionen mit freundlicher Distanz so wie ein älterer Bruder betrachtet, der sich still über das freche Auftreten seiner jüngeren Geschwister freut. Aber dann habe er subjektiv für sich entschieden, aus dem Gefühl heraus, dass er ein 68er sei, ganz unabhängig von den Einordnungskriterien. Das Gefühl über sich sei ihm das Wichtigste gewesen.

Und was war das für ein Gefühl? Im Grunde der ganz naive und doch ganz sichere Glaube, dass man als Individuum gemeinsam mit anderen etwas bewegen könne. Einfach so. Man geht auf die Straße, dreht einen Film, kippt einen Beschluss. Das sei, im Vergleich mit den Gefühlen von heute, ganz erstaunlich und auch ganz erschreckend. Dieses Gefühl habe er heute nicht mehr, es sei ihm abhandengekommen. Aber damals, erklärte er mir, habe ihn das sehr bestimmt und sehr geprägt.

Man habe unausgesprochen die Auffassung geteilt, dass man durch bestimmte Privilegierungen, bestimmte Zufälligkeiten der Biografie in den Besitz eines Wissens von der besseren Gesellschaft gelangt sei und dass man daher den vielen, vielen anderen, denen das nicht vergönnt war, auf die Sprünge helfen müsse. Wozu? Die Schleier, die ihnen die Gesellschaft vor die Augen hält, zu lüften, damit sie ihr Schicksal auf eine würdige Weise selbst in die Hand nehmen können.

Sehr pathetisch, lachte er auf, aber auch sehr wahr. Es sei nicht in erster Linie um Vergesellschaftung der Produktionsmittel und dergleichen gegangen, sondern um eine Idee von Autonomie, von selbstbestimmtem Leben, das durch fremdbestimmte Verhältnisse verunmöglicht würde. Und dass man für den Lauf der Dinge eine Verantwortung trage. Weil das nicht allein ein Glaube für die anderen, sondern ein Glaube für sich selbst gewesen sei. Als handelnder, nicht nur als erleidender Mensch zu leben. Aber davon könne jetzt keine Rede mehr sein.

Dazu muss man wissen, dass Peter Märthesheimer als Redakteur beim Westdeutschen Rundfunk für Rainer

Werner Fassbinder ein wichtiger, wenn nicht der wichtigste Türöffner war. Er hat 1972 und 1973 die Serie *Acht Stunden sind kein Tag* konzipiert, produziert und betreut und 1980 den ziemlich dunkel ausgeleuchteten Mehrteiler *Berlin Alexanderplatz*, in dem Fassbinder Günter Lambrecht als Franz Biberkopf gegen Heinrich George ins Feld schickt, gegen heftige Anfeindungen durchgesetzt. Daneben und danach hat Peter Märthesheimer gemeinsam mit Pea Fröhlich die Drehbücher zu Fassbinders drei Frauenfilmen über die Nazizeit und die frühe Bundesrepublik verfasst: eben *Die Ehe der Maria Braun*, aber auch noch *Die Sehnsucht der Veronika Voss* über das Leben und Sterben der Schauspielerin Sybille Schmitz zwischen 1933 und 1937 aus dem Jahre 1982 und *Lola* über ein *It-Girl* im Wirtschaftswunder aus dem Jahre 1981.

Waren diese Filme Ausdruck der Ernüchterung seines Glaubens von 1968? Warum wandte sich Peter Märthesheimer jetzt der Zeit seiner frühen Kindheit zu? Wollte er herausfinden, wie viel 1945 in 1968 steckte? Ich fragte ihn, welche Recherchen er für *Die Ehe der Maria Braun* angestellt habe, und bekam zur Antwort, dass er sich nicht gerne auf Quellen anderer, sondern vor allem auf seine eigene Vorstellungskraft verlasse. Was für eine Geschichte hat er dann aufgeschrieben? Wie hat er sich über die Maria Braun mit Fassbinder verbunden? Wessen Blick ist der Blick von Hanna Schygulla?

Das »Väterchen« haben ihn seine Mutter und deren

ältere Schwester genannt, als sie zwischen 1944 und 1946 zwischen Pommern, der Mark Brandenburg und der Pfalz in Deutschland herumgezogen sind, um bei Verwandten und Bekannten durchzukommen. Man habe, lächelte er, damals sehr viel mehr davon gehabt als heute. Weil er so dünn, so verhungert und so lieb aussah, hat er bei der Bauersfrau, von der seine Mutter schon nichts mehr gekriegt hat, noch was abstauben können. Ein Topf Wurstsuppe oder ein paar Eier. Insofern sei er so ein geheimer Agent gewesen, der die Rumpffamilie mit ernährt habe.

Der Vater war bereits 1940 in Norwegen gefallen. Da war Peter Märthesheimer drei Jahre alt. Er habe ihn schon vorher praktisch nicht gekannt, weil der seit 1938 als Angehöriger der Kriegsmarine auf einem Zerstörer unterwegs war. Aber er habe es immer als großes Glück empfunden, keinen Vater gehabt zu haben. Dadurch sei ihm diese ganze Autoritätsabarbeit erspart geblieben. Wer weiß, wohin das geführt hätte, kann man hinzufügen. Einen Brief an den Vater musste er jedenfalls nicht schreiben.

Peter Märthesheimer hat eine Kriegskindheit unter Frauen erlebt, die ohne männlichen Schutz zurechtkommen mussten und ihn deshalb als Ersatzvater behandelt haben. So lernte der kleine Peter offenbar die Frauen kennen. Was sie einem verschweigen, was sie einem verraten, wohinter sie sich verstecken und wovon sie träumen. Hier muss der Grund für die spezifische Empathie liegen, die in die Figur der Maria Braun eingegangen ist. Sie benutzt als junge Frau den älteren Mann, der ihr verfallen ist, obwohl dieser genau weiß, dass sie ihm nichts schuldig zu sein glaubt.

Seine Mutter beschreibt er als doppelgesichtig: Einerseits herzensgut und denkbar gütig und andererseits voller Ressentiments gegen die neuen Herren, die Engländer und Amerikaner, die sie auf keinen Fall als saubere Sieger anerkennen will. Der Sohn gibt zu bedenken, dass die Nazizeit für sie persönlich eine Zeit des Glücks gewesen sei. 1932 hat sie den Mann ihrer Träume kennengelernt. Sie war ein Dienstmädchen aus der Provinz in der Nähe von Posen, er hatte eine wunderbare Marineuniform an, und sie liebten sich und gingen Arm in Arm durch die Stadt. 1932 waren alle arm, nur die Uniform glänzte, und 1933, als sie geheiratet haben, waren sie plötzlich reich. Sie konnten sich Möbel kaufen und am Wochenende ausgehen. So muss ihm das seine Mutter erzählt haben. Und dass der Vater im Krieg umgekommen ist, hat sie nicht den Nazis angerechnet, sondern den anderen, die am Ende sogar noch den Krieg gewonnen haben. Sie war mit ihrem Mann auf dem Weg nach oben, und das wurde durch böse Machenschaften zunichtegemacht. Sie hat dann nach dem Krieg Prozesse wegen ihrer sehr schmalen Kriegerwitwenrente geführt, um nachzuweisen, dass sein Vater, wäre er nicht gefallen, garantiert Offizier geworden wäre. Auch davon verbirgt sich etwas in der Maria Braun.

Sie war sehr aufstiegsorientiert und bildungsbeflissen, das hat sie ihm mitgegeben, und deshalb musste er nur dahin kommen, wo sie nach Vorstellung der Mutter schon waren. Das Schulgeld wurde vom Mund abgespart, ein Onkel spielte als Mentor eine Rolle, von der Friedrich-Ebert-Stiftung kam ein Stipendium, und so schaffte er es zum Studium in Frankfurt am Main mit dem eher unkonventionellen Ziel, Journalist zu werden. Durch Zufall, wie es in den biografischen Erzählungen immer heißt, landete er in dem Institut, wo der Heilige Geist über ihn gekommen sei. Auf einmal war die Welt wunderbar und groß und herrlich, und man konnte sie ordnen und verstehen.

Er sei zu Adorno in die Vorlesung gegangen und habe kein Wort verstanden, er habe den Mann da vorne nur geliebt und verehrt. Als ob er sich in der Oper befunden hätte, er habe den Text nicht verstanden, aber die Musik mitsingen können. Dafür sei er heute noch dankbar: so dankbar, wie Ariadne gewesen sein muss, als ihr jemand dieses Fädchen in die Hand gegeben hat.

Der Ursprung war ein Mitschwingen und Mitsingen mit einem, der aus dem Deutschland der Nazis fliehen musste und ins Deutschland der Bundesrepublik zurückgekommen war. Daraus ist dann ein bestimmter Theorieglaube geworden. Dabei habe für ihn die Tatsache, dass Adorno ein Überlebender der Shoah war, stellt er im Rückblick mit einem gewissen Erstaunen fest, keine Bedeutung gehabt. Ein Virtuose des Begreifens, kein Opfer der Verhältnisse. Aber er erinnert sich noch heute, was Adorno

im Anschluss an die Wendung von Eichendorff von der
»Schönen Fremde« ausgeführt habe: dass der versöhnte
Zustand sein Glück daran hätte, dass das Fremde in der
zugestandenen Nähe das Ferne und Verschiedene bleibe.

Peter Märthesheimer zählt sich zur Theoriegeneration von 1968, der er die Spontigeneration gegenüberstellt, deren Stärke darin bestanden habe, dass sie die Festung zum Einstürzen bringen wollte, ohne über die dicken und festen Mauern nachzudenken. Dabei sei mancher Unfug herausgekommen, aber man sei gegen die Resignation der Theorie gefeit gewesen. Theorie ist für ihn hier anscheinend eine Chiffre für die Einsicht in die Unhaltbarkeit, aber auch in die Unüberwindbarkeit der Zustände. Es gibt Situationen wie 1945 oder 1968, da stehen die Dinge auf des Messers Schneide, doch dann geht alles weiter in dem alten Trott. Im Zeichen von 1968 hat er in *Acht Stunden sind kein Tag* die Proletarier nicht lediglich als geschundene, vom Schicksal gebeutelte Existenzen in Szene setzen wollen, sondern als Helden ihrer Wünsche und Sehnsüchte. So wie Belmondo in seinen besten Filmen den Gauner, den Betrüger, den Kriminellen als einen glücklichen Menschen gezeigt habe, der nach seinen eigenen und nicht nach den Regeln der Gesellschaft lebt.

Davon zehrt auch die Maria Braun von Hanna Schygulla. Aber im Zeichen von 1945 kommt das Augenblickliche, von Anfang an Verlorene und nie sich Erfüllende ihrer Existenz zum Tragen. Der Film endet damit, dass

Deutschland 1954 die Fußballweltmeisterschaft gewinnt und die Deutschen sich sagen: »Wir sind wieder wer!« Man sieht, wie Maria Braun in ihrem Haus, das den Beweis dafür liefert, dass sie in den neuen Verhältnissen oben angekommen ist, die Champagnergläser füllt. Man hört die Reportage des Endspiels. Als der Hörfunkreporter Herbert Zimmermann sein berühmtes »Tor! Tor! Tor!« ruft, explodiert eine Gasleitung, und das Haus fliegt in die Luft.

Womöglich hatte mein damaliger Gesprächspartner irgendwie mitbekommen, dass ich zu den Flakhelfern, über die ich, wie er wusste, einen bunten Suhrkamp-Band geschrieben hatte, ein anderes Verhältnis hatte als zu den 68ern, über die ich schreiben wollte. Zu den Flakhelfern mit ihrem »Ich ohne Gewähr«, wie Ingeborg Bachmann es ausgedrückt hatte, fühlte ich mich hingezogen; die Rebellen von 1968 mit ihrem Theoriegehabe und ihrem Aktionswahn dagegen schaute ich mir viel distanzierter an. Als ich das Aufnahmegerät abgeschaltet hatte, drehte Peter Märthesheimer den Spieß um. Ich käme ihm wie eine Mischung aus einem Therapeuten und einem Richter vor. Noch bevor ich mir einen Reim auf diese Bemerkung machen konnte, fügte er in gespielter Nachdenklichkeit hinzu, mit wem er mich wohl in einem Film über die Jahre der Vergeudung, in denen wir uns gerade befänden, besetzen würde.

Dieser Nachmittag in der Dachgeschosswohnung nahe dem Englischen Garten hat mir seinerzeit vor Augen geführt, dass ich mich mit meinen Nachforschungen über die Generationen des Wiederaufstiegs nach 1945 in einem reinen Außerhalb wähnte. Konnte es für mich eine Position jenseits lakonischer Hinnahme und unbekümmerten Einspruchs geben? Musste ich nicht eine Entscheidung zwischen dem Abwinken der »skeptischen Generation« und dem Gegenhalten der »Protestgeneration« treffen? Man kann in einem Interview nicht niemand sein. Wer etwas von anderen erfahren will, muss sich zu erkennen geben. Ich verließ Peter Märthesheimer mit dem Gefühl, gestellt worden zu sein. Wollte ich mich in meinem stillen Vorurteil über die Anmaßungen der cordbehosten und negationsversessenen 68er bestätigen, oder wollte ich wirklich wissen, was sie getrieben hat und woran sie gescheitert sind, um so mehr über mich selbst zu erfahren?

Das bloße Begehren

Bei Adelheid Guttmann war es die Stimme. Die kannte ich aus dem Radio. Hell und heiser und ganz nah am Ohr. Die perfekte Funkstimme. In den neunziger Jahren wurde im öffentlich-rechtlichen Rundfunk noch von Montag bis Freitag am Vormittag ein Frauenmagazin in locker feministischem Ton gesendet. 2018 ist sie 78 Jahre alt und immer noch in einer Initiative für Frauen mit Brustkrebs aktiv, fliegt zwischen Deutschland und Israel hin und her und schwimmt und läuft nach wie vor.

Ich traf Adelheid Guttmann am 9. November 1988 in ihrer Altbauwohnung in Köln. Wir saßen uns in einem kleinen Bibliothekszimmer in zwei tiefen Korbstühlen gegenüber. Vor einem Ghettoblaster mittlerer Größe lagen einige CDs: die Oberton-Schule von Michael Vetter, Arien der Callas und die Pet Shop Boys. Zwischen uns bestand ein Altersunterschied von vierzehn Jahren. Es war für uns beide sofort klar, dass wir hier so einfach nicht davonkommen würden.

Ich hatte Stichworte über die Neue Frauenbewegung seit 1968 im Kopf und fing mit dem Tomatenwurf auf der 23. Delegiertenkonferenz des Sozialistischen Deutschen Studentenbundes (SDS) in Frankfurt am Main am 13. September 1968 an. Nach einem schnellen Pingpong war ausgemacht, dass wir so nicht weiterkommen. Mit der Filmemacherin Helke Sander, die bei dieser Gelegenheit stellvertretend für den Berliner »Aktionsrat zur Befreiung der Frauen« eine Rede gehalten hatte, in der ausgeführt wurde, dass Frauen in sozialistischen Organisationen genauso wie im normalen Leben allein aufgrund von Anpassung anerkannt werden, und auf die der männliche SDS-Vorstand mit Schweigen reagiert hatte, weshalb die drei Tomaten geworfen worden waren, mit Helke Sander also hatte Adelheid Guttmann später zwar noch viel zu tun, aber bei dieser Aktion sei sie nicht dabei gewesen. Bereits seit 1966 war Adelheid Guttmann nach absolviertem Anglistikexamen erst als Reporterin und dann als Redakteurin beim Jugendfunk des Südwestfunks, abgekürzt: SWF, tätig. Da hat sie zusammen mit anderen die legendäre Sendung *Popshop* erfunden. Was wirklich eine Sensation war. Das sei nämlich eine richtig revolutionäre Sendung im Sinne von was anderem, Umstürzlerischem und Schnellem gewesen.

Mit ihren leuchtenden grünen Augen erklärte mir Adelheid Guttmann, was für sie 1968 bedeutete. Wir hatten eine ganz andere Idee von Politik im Sinn. Nicht Parteipolitik, nicht Presseverlautbarungen, nicht Politikerinterviews. Sondern die eigenen Interessen, die persönlichen

Vorstellungen und die subjektiven Haltungen zum Thema zu machen. Die eigene Sehnsucht nach Welt.

Das ist das entscheidende Motiv für sie. 68 hieß nicht, das Ganze zu begreifen oder die Welt zu verändern, sondern seinem Sehnen nach Weite, Überschreitung und Metamorphose Ausdruck zu verleihen. 68 ist nicht Weltveränderung, sondern Selbstveränderung. Man dürfe nicht unterschätzen, was für eine Wirkung damals ein Beatles-Schlager hatte oder die Stones. Die kamen alle nach Baden-Baden ins Funkhaus. Jimi Hendrix zum Beispiel. Der wollte komischerweise immer Laugenbrezeln essen. Das sei eins zu eins mit einer Kultur passiert, die gerade wuchs. Ohne Spaltung. Es habe immer Ärger mit den Parteien im Rundfunkrat gegeben. Aber das hat uns nicht gestört. In dieser Version von 1968 sind die Doors wichtiger als Adorno.

Das war die Zeit von 1966 bis 1968. Im Frühjahr 1968 wurde ihr Zeitvertrag nicht verlängert. Vermutlich aufgrund ihrer Berichterstattung über die Erschießung von Benno Ohnesorg und die nachfolgenden wilden Proteste in Berlin. Aber die faktische Kündigung habe sie nicht weiter aufgeregt, weil sie sowieso heiraten wollte. Sie habe den Traum von Ehe, Mutter und Beruf im Kopf gehabt und gar keinen Gedanken darauf verschwendet, dass sich das nicht vereinbaren lässt. Dann sei alles, eins, zwei, drei, ganz flott gegangen: geheiratet, 1969 ein Kind bekommen und mit blutendem Herzen die Kolleginnen und Kollegen beim Abwaschen im Radio gehört und nach fünf Jahren die Scheidung, weil das alles überhaupt nicht gepasst habe.

Worin hatte die Sehnsucht nach Welt denn ihren Grund? Elvis Presley hätte sie zu Hause nicht hören dürfen. Sie waren drei Schwestern und wohnten in einer sehr kleinen Wohnung. Außerdem habe sie gedacht, Elvis sei was Arbeitermäßiges, und habe mit sechzehn angefangen, Sartre zu lesen, und sich darüber mit Gleichaltrigen auseinandergesetzt.

Mein Vater war Jurist, aber von Beruf, so habe ich das immer angegeben, Kriegsvermisster und ist später für tot erklärt worden. Meine Mutter war bei einem Chemieunternehmen beschäftigt. Nach dem Krieg war sie das, was sie früher war, bevor sie meinen Vater geheiratet hat, nämlich Stenotypistin, wie man diese Position im Aufschreibsystem nannte, und hat sich dann zur Sachbearbeiterin hochgearbeitet, bis zur Rente.

Die Mutter, erklärt die Tochter, habe schon ein hartes Leben gehabt. Weil sie so hoch geheiratet hatte, in eine andere Klasse, und dann nach dem Krieg mit den drei Mädchen, eigentlich vier, denn eins ist bei der Geburt gestorben, 1945 ist die Jüngste geboren, allein durchkommen musste, mit keinem guten Beruf dafür. Die Mutter sei Jahrgang 1908 und werde heute, am Tag unseres Gesprächs, achtzig Jahre alt. Eine interessante Frau.

Ich fragte mich, was die Sehnsucht nach Welt mit dieser – für die Charakterisierung der Mutter doch eigentümlichen Formulierung – interessanten Frau zu tun hat? Sie habe sich oft Gedanken darüber gemacht, wie es mit ihren Eltern gewesen sei. Fest steht, dass meine Mutter und mein Vater sich überhaupt nur kennengelernt haben, weil beide Nazis waren. Wenn man das als Jugendliche begreift, ist das auch nicht so toll. Der Vater hatte als Prokurist eine sehr hohe Stellung inne und hat in zweiter Ehe seine Sekretärin geheiratet. Ein richtiges Märchenschicksal.

So habe es jedenfalls die Mutter erzählt, die sicher eine kluge Frau gewesen sei, jedoch eben eine weibliche Angestellte, wie viele heute noch, die sich von dieser Heirat nach oben was versprochen habe. Und die Mutter habe zudem erzählt, dass sie beide Nazis gewesen seien. Keine Mitläufer, keine Zuschauer. Sie haben an Hitler geglaubt.

Der Vater war in Königsberg nicht nur als Prokurist bei der Preußen-Elektra ein hohes Tier, sondern auch Reichsredner. Was das genau für eine Aufgabe gewesen sei, wisse sie nicht, aber wahrscheinlich sei es doch so gewesen, dass er Reden gehalten habe, um die Leute anzufeuern für den Endsieg. Deswegen sei er wohl auch nicht eingezogen worden, obwohl er doch mit Jahrgang 1904 im Jahre 1938 im besten Alter gewesen sei.

45 ist er dann doch noch, ganz spät, freiwillig in den Krieg gezogen, um, wie die Mutter die Dinge darstellt, das Vaterland zu retten. Mit ihrer Mutter könne sie sich nicht streiten, obwohl sie schon als Jugendliche gemerkt

habe, dass die ihr nur Sachen erzähle, die sie gar nicht hören wolle. So habe die Mutter den Vater ganz lang nach Kriegsende noch als Held hingestellt und dann oft in höhnischem Unterton hinzugefügt, dass sie nur von zwei Leuten wisse, dass sie in der Partei waren, nämlich der Führer und sie. Das war ihre Haltung.

Die Mutter hat sich erst im Februar 1945, obwohl sie hochschwanger war, aus Königsberg rausbringen lassen. Das müsse man sich mal vorstellen: und zwar auf Drängen von Freunden, die wahrscheinlich auch Nazis waren. Und uns Kinder, mein Vater hatte aus erster Ehe noch zwei Jungs, die älter waren als wir Mädchen, also die fünf Kinder hat sie allein mit der Eisenbahn auf den Weg geschickt, weil sie den Führer nicht verraten wollte. Sie kam sich schon wie eine Verräterin vor, dass sie uns Kinder bereits im Januar 1945 rausgeschickt hatte. Nachher stellte sich heraus, dass das der letzte Zug überhaupt war, der die umkämpfte Stadt verlassen konnte.

Ich erinnere mich, dass Adelheid Guttmann auf dem Korbstuhl mir gegenüber mit einem Mal mutterseelenallein wirkte. Sie habe keine Erinnerung mehr an die Fahrt, obwohl sie ja schon fünf oder doch fast fünf gewesen sei. Nur dass ich eine Puppenwiege um den Hals hatte mit Handschuhen und Sachen, aber sonst weiß ich überhaupt nichts mehr. Es müsse sich jemand um die Kindertruppe gekümmert haben, auf dem weiten Weg von Königsberg nach Berlin.

Sie könne sich nur noch daran erinnern, wie sie in Berlin angekommen seien. Dass meine Tante, die jüngere Schwester meiner Mutter, genau die gleiche Stimme wie meine Mutter hatte, sodass ich dachte, meine Mutter ist da, weil ich die Stimme hörte, und ich ziemlich enttäuscht war, dass sie es nicht war. Und dass die immer wieder gesagt hat, wenn eure Mutter nicht mehr kommt, dann bin ich eure Mutter. Das war ein Angebot, auf das ich auf keinen Fall eingehen wollte, ich dachte, warum soll meine Mutter nicht mehr kommen, ich will die nicht als Mutter. Sie könne im Nachhinein gar nicht sagen, dass dies alles mit Schmerzen verbunden war, es seien nur so Sachen, an die sie sich erinnern könne, so Bilder wie in einem Film, den sie sich anschaue.

Die Mutter ist schließlich gekommen, und sie wisse wieder aus Erzählungen, dass sie erzählt hat, dass sie in Königsberg Flüchtlinge gesehen habe mit abfaulenden Füßen und toten Kindern im Arm, aber behauptet hat, dass dies alles nur Propaganda sei. Also das, was sie selbst gesehen hat, vorgetäuscht ist. Das will mir nicht in den Kopf, obwohl ich sie heute noch nicht danach fragen könnte, was denn nun wahr ist. Weil es letzten Endes für mich viel interessanter ist, ob ich die Dinge auch so gesehen hätte, wenn ich erwachsen gewesen wäre. Aber darauf gibt es keine Antwort.

Hätte sie selbst, wenn sie wie ihre Mutter aus einem Märchen hätte erwachen müssen, die Dinge anders gesehen? Weil niemand darauf eine Antwort weiß, bleibt nur die Sehnsucht nach Welt, damit die Reise von Königsberg nach Berlin kein Ende nimmt.

Der Vater ist der Legende der Mutter zufolge sofort verwundet worden. Die Tochter mag das Wort verwundet nicht, weil darin so was Heldenhaftes liegt. Es war damals sehr kalt, vielleicht ist er erfroren, man weiß jedenfalls nicht, wie er umgekommen ist. Die Tochter hat die etwas mitleidslose Vorstellung, dass der Mann, der von seinem Bürojob in den Krieg an die Ostfront zog, im Falle seiner Verletzung im Felde oder in russischer Gefangenschaft sowieso nicht lange durchgehalten hat. 1954 ist er für tot erklärt worden, was für die Mutter deshalb wichtig war, weil sie so an die Renten, sowohl an die Betriebs- als auch an die Staatsrente, kommen konnte, um wenigstens etwas von ihrer Heirat nach oben zu haben. Einen Vater als Helden muss man sich anders vorstellen.

Die Tochter ist sich bewusst, dass die Mutter den Kindern in der Nachkriegszeit vermittelt hat, dass sie was Besseres seien und dass sie sich dementsprechend anstrengen müssten. Die hat viel rumgetobt, dabei hatte sie noch Glück, fügt die Tochter hinzu, sie hatten nämlich in der kleinen Wohnung noch eine Haushälterin wie bei feinen Leuten. In der Schule hat Adelheid Guttmann die Kinder beneidet, die einen Vater hatten. Da war bei ihr eine

Leerstelle. Sie habe daher auch zeitlebens ein nicht ganz reales Verhältnis zu Männern gehabt. Soll man auf einen Märchenprinzen warten, muss man sich vor Schuften in Acht nehmen, oder nimmt man besser den Erstbesten, weil sonst keiner mehr zu haben ist? Die Mutter hat ihr zumindest immer das Gefühl gegeben, dass Männer das Größte sind.

Aber Anfang der siebziger Jahre hat für Adelheid Guttmann mit den Frauen alles noch mal neu angefangen. Ich habe mich um 68 herum als ganz toll und links empfunden, aber im Grunde habe ich nur nachgeplappert, was angesagt war. Im Sender galt ich als rot und ungeheuer fortschrittlich, aber das waren, muss ich im Nachhinein sagen, keine selbst entwickelten Gedanken. Weil mir auch andere Sachen wichtig waren, ein schönes Leben und dies und das, aber dann kam die Frauenbewegung, die bei mir tiefe Nerven getroffen hat.

Adelheid Guttmann erzählt die Geschichte einer jungen Frau, die plötzlich erlebt, dass sie für ein Kind sorgen muss, ein Geschöpf, wie sie sich ausdrückt, das von einem abhängig ist, dass sie auf dem Spielplatz ihre Zeit verbringt, sich mit Müttern unterhält und zum ersten Mal, wie sie zugesteht, Frauen kennen und schätzen gelernt hat. Mit Frauen wollte sie bis dahin überhaupt nichts zu tun haben, weil sie doch Männer viel interessanter fand.

Das erste Leseerlebnis aus dieser Zeit war *Der weibliche Eunuch* von Germaine Greer. Ein Redakteur vom

SWF hatte ihr das Buch zur Besprechung gegeben. Mit dem süffisanten Unterton, lies mal, mach mal. Der wollte einen hübschen Verriss haben, worauf sie, folgsam wie sie war, normalerweise eingegangen wäre. Dann habe sie das Buch gelesen und gedacht, die Frau, die kennt mich, die schreibt über mich. Sie hat dann eine begeisterte Rezension geschrieben und angefangen, mit ihrem damaligen Mann, dem Vater ihrer Sohnes, der auch ganz hingerissen von der Lektüre war, darüber zu diskutieren. Der kannte den Leiter der Volkshochschule, wo er einen Kurs über Marxismus anbot, der suchte eine Frau, die irgendwas mit Frauen machen sollte. So kam es, dass Adelheid Guttmann 1972 plötzlich in der Erwachsenenbildung tätig war. Die Veranstaltung hieß zunächst »Frauenforum auch für Männer«, aber es dauerte nicht lange, dann nur noch »Frauenforum« ohne Männer.

Lauter spannende Frauen, so Adelheid Guttmanns zeittypische Formulierung, und zwar zumeist Arbeiterinnen und Angestellte, die auf eine Weise radikal waren, dass sie nur staunen konnte. Einfach in der Art, wie sie mit Männern umgingen, viel mehr auf den Pudding hauten, als sie das gewohnt war. Die mussten teilweise Kämpfe durchstehen, ob sie überhaupt zu solch merkwürdigen Frauenabenden hingehen durften. Sie selbst hatte, bevor sie wegging, alles für das Kind vorbereitet, fand aber alles wieder so vor, wie sie es hingestellt hatte. Die Nuckelflasche war zwar leergetrunken, stand aber immer noch auf dem Tisch, nichts war aufgeräumt, noch nicht einmal waren die dreckigen Windeln entsorgt. Hier deuten sich die Kämpfe um die Hausarbeit an, die in vielen Haushalten der 68er, die in ihrer Mehrzahl früh ihre Kinder bekommen hatten, so stattfanden.

Bei Adelheid Guttmann ging wieder alles ziemlich rasant. Sie bekommt das *Frauenhandbuch Nr. 1* in die Hand, schreibt ihr erstes Flugblatt zu einer Veranstaltung über eine Anzeige gegen Ärzte, die sich bei Abtreibungen an den Frauen vergangen, sie vergewaltigt oder, wie man seinerzeit sagte, unsittlich berührt hatten, arbeitet im Frauenzentrum, übersetzt von Phyllis Chesler *Frauen – das verrückte Geschlecht?* und schließt sich dem Frauennetzwerk »Brot und Rosen« an. An allen Ecken und Enden ging etwas los, und sie war wieder dabei.

Zu Hause wird es darüber eng. Ich war wahnsinnig neugierig auf Wohngemeinschaften und neue Lebensformen. Ich hatte wieder diese Sehnsucht nach Welt. Mein Mann ist damals überhaupt nicht klargekommen mit den vielen Frauen in der Wohnung. Er hatte immer schon die ganzen Bücher gelesen, um die es ging, was meinen heftigen Zorn erregt hat. Wir haben uns schrecklich gezankt, mit Druck und Gegendruck, mit Neid und Hass, und haben es nicht mehr geschafft, das aufrechtzuerhalten, weswegen wir geheiratet und ein Kind bekommen hatten. 1975 hat sich das Paar getrennt und ganz offiziell scheiden lassen. Wenn sie daran zurückdenkt, gruselt's sie heute noch.

Allerdings war das Zuhause wie eine Jugendherberge schrecklich anstrengend für sie. Die vielen Jobs gleichzeitig, die politischen Aktionen, das erweiterte soziale Leben. Für den Jugendfunk war sie nicht mehr geeignet, beim SWF bekam sie kein Bein mehr auf den Boden, mit den Frauenbewegungsthemen hing sie in der Luft. Da bot die im Entstehen begriffene Frauenfilmszene eine neue Gelegenheit. Mit ihrem Sehnsuchtshunger und den durchscheinenden Sommersprossen passte sie ins Bild der Zeit. 1975 wirkte sie im Filmdebüt von Helma Sanders-Brahms *Unter dem Pflaster ist der Strand* über eine Liebe nach 68 mit, 1978 war sie als Fotografin in Helke Sanders *Die allseitig reduzierte Persönlichkeit – Redupers* über ein kombinatorisches Mutter-Hausfrau-Geldverdiener-Leben in Berlin zu sehen, 1981 wieder unter der Regie von Helke Sander in der Frauenbewegungsrecherche *Der subjektive Faktor* und in demselben Jahr noch in dem Wohngemeinschaftsküchen-Dokumentarfilm *Wie geht das Kamel durchs Nadelöhr?* und schließlich 1983 in Marianne Rosenbaums dörflicher Kindernachkriegsgeschichte *Peppermint Frieden* an der Seite von Peter Fonda.

Die Filme von Helke Sander zeigen die nervöse Zufälligkeit der frühen siebziger Jahre. Die Endlosgespräche in der Küche, die blutig ernsten Überlegungen, was zu tun bleibe, und die wahnsinnigen Experimente eines anderen Lebens. Beim Wiedersehen von Ausschnitten kann ich mir vorstellen, wie fließend die Übergänge von Wegen in die Kunst, um Politik und Poesie zu verbinden, in die Erziehung, um den Neuen Menschen zu schaffen, oder in den bewaffneten Kampf, um ans Äußerste zu gehen, waren. Adelheid Guttmann trat 1974 in die Redaktion der feministischen Filmzeitschrift *Frauen und Film* ein. In der Nr. 1 ging es um die Arbeitslosigkeit von Filmemacherinnen und den Sexismus in den Massenmedien, in Nr. 2 über *Die Legende von Paul und Paula*, die als eine menschenverachtende Schnulze aus der DDR betrachtet wurde, und in Nr. 3 über Alexander Kluges *Gelegenheitsarbeit einer Sklavin* und alte Frauen im Film. Wir haben, so ihre Erklärung nach fünfzehn Jahren Redaktionsarbeit, nicht gegen die ganze Welt ankämpfen wollen, es ging uns und mir vielmehr darum, Möglichkeiten zu entdecken und was anders zu machen.

Ich weiß noch, wie ich unruhig wurde über so viel positives Denken. Aber sei das, was unter Frauenliteratur gehandelt würde, nicht mittlerweile nur noch seichte und kitschige Lebenshilfe? Ein solches Urteil von oben herab wollte sie nicht gelten lassen. Ach nein, sie habe *Häutungen* von Verena Stefan oder *Die Scham ist vorbei* von Anja Meulenbelt genauso gern gelesen, wie sie heute einen Band mit Briefen einer Mutter durchblättere, die nach einem erwachsenen Kind noch ein kleines bekommen hat. Auch mehr esoterische Dinge könnten ihr Interesse wecken. Ich habe gemerkt, da ist noch sehr viel mehr, als ich mir in meinem nüchternen Kopf vorgestellt habe. Warum eigentlich nicht?

Als wir uns vor dreißig Jahren unterhielten, war sie 48 Jahre alt, gehörte entscheidenden Gremien der Filmförderung an, war als Redakteurin einer Fernsehmagazinsendung mit Frauenthemen tätig und hatte das Laufen für sich entdeckt. Und ich merkte, wie ich mich ihrem Sehnsuchtsverlangen nicht entziehen konnte. Sie arbeite viel weniger als früher, sei politisch auch viel weniger aufgeregt als früher, sie müsse nicht allem so hinterher sein. Durch ein Interview mit Cher sei sie aufs Laufen verfallen. Wenn die jeden Tag läuft, kann ich auch jeden Tag laufen. Am Ende läuft sie sogar Marathon, was die Leute schwer beeindruckt. Sie sei aber noch viel mehr von sich selbst beeindruckt, weil sie zur rechten Zeit wieder was gefunden habe, was sie begeistere. So ein unfasslich einfaches Glücksgefühl. Dieses Gefühl der eigenen Kraft und der eigenen Möglichkeiten. Das bloße Begehren. Als bedeute für sie, schoss es mir damals durch den Kopf, die Einsamkeit der Langstreckenläuferin höchsten Triumph und zugleich tiefste Verlorenheit.

Ein Asyl für Obdachlose

Klaus Bregenz war ganz nah dran an Adorno. Im Frankfurter Institut für Sozialforschung hatte er ein kleines Büro unterm Dach, wo er der politökonomischen Abstinenz von Adorno und der Frankfurter Schule auf den Grund kommen wollte. Krahl, damals der Wunderkopf unter den Schülerinnen und Schülern Adornos, kam immer wieder mal nach oben, um zu fragen, wie weit er mit seinem fünfzehn Jahre älteren Flakhelfer-Studienfreund Kottkamp gekommen sei.

Das Ergebnis seiner Wühlerei bei Marx und Adorno war ein 1970 erschienenes Buch über Wert, Geld und Kapital, von dem in den siebziger Jahren eine Vorstellung haben musste, wer über Krise und Kritik mitreden wollte. Es enthielt eine Antwort auf die seinerzeit brennende Frage, wie das Verhängnis zu begreifen ist, dem die Menschen in der bürgerlichen Gesellschaft nicht zu entrinnen vermögen, obwohl es doch von ihnen selbst tagtäglich hervorgebracht wird. Seitdem hatte ich nichts mehr von Klaus Bregenz gehört. Dieses Verschwinden interessierte mich. Was machte er, was dachte er, wie lebte er?

Im Winter 1988 suchte ich ihn in Osnabrück auf, wo er an der Universität eine C4-Stelle für Soziologie besaß – jetzt sagt man wieder: einen Lehrstuhl für Soziologie bekleidete. Die aus der ansässigen Pädagogischen Hochschule hervorgegangene Universität wurde 1974 als Reformuniversität gegründet, die dem Projekt einer Demokratisierung der Hochschule dienen sollte. Er wohnte in der Nähe des Schlosses, wo der Hauptsitz der Hochschule untergebracht war, mit dem Fahrrad vielleicht fünf Minuten. Fast ein wenig stürmisch schüttelte mir Klaus Bregenz zur Begrüßung die Hand.

Das Gespräch begann mit einem emotionalen Paukenschlag. Wie alle meine Gesprächspartner fragte ich ihn am Anfang, ob er noch wisse, wie er am 11. April 1968 vom Attentat auf Rudi Dutschke erfahren habe. Er wisse nicht mehr genau, wie an diesem Tag, aber ganz genau könne er sich an einen Riesenkrach am Abend erinnern. Das junge Ehepaar war bei Bekannten eingeladen. Relativ reaktionäre Leute. Da sagte diese Frau doch tatsächlich, ist nicht schade drum, um den Dutschke. Da bin ich hochgegangen. Ich habe gedacht, jetzt schlage ich sie tot.

Ich war erschrocken. Er hatte wirklich »totschlagen« gesagt. Was bricht da für ein Affekt durch? Gehört der zur latenten Bürgerkriegssituation von damals? Man darf nicht vergessen, dass es zu schweren Unruhen zumeist in Berlin, in den folgenden Tagen auch in München, Hamburg und Frankfurt am Main kam. Demonstrierende versuchten, Druckereien des Axel-Springer-Verlags zu erstürmen, Auslieferungen der *Bild*-Zeitung zu stoppen und in die Redaktionsräume von *Bild* zu gelangen. Aber warum befinden sich Klaus Bregenz und seine Frau am Gründonnerstagabend bei einem Ehepaar, das er selbst im Nachhinein als relativ reaktionär bezeichnet? Wer bei Adorno studiert und mit Hans-Jürgen Krahl in Kontakt ist, verkehrt doch normalerweise nicht mit solchen Leuten. Wie steckt Klaus Bregenz persönlich in dem allen drin?

Auf meine Frage, ob er damals das Gefühl gehabt habe, die Revolution stehe vor der Tür, erklärt Klaus Bregenz seine Abweichung von den seiner Ansicht nach herrschenden Biografien der Aktivsten von 1968. Er sei zwar immer bei den Demonstrationen dabei gewesen, wenn man eingekesselt wurde, die berittene Polizei kam und die Wasserwerfer in Aktion traten, sogar an vorderster Front, aber Kottkamp und er seien trotzdem Leute im Hintergrund gewesen. Ihre Praxis sei die Praxis der Theorie gewesen.

Klaus Bregenz ist die Abgrenzung wichtig, dass er im Unterschied zu den meisten aus den Reihen der 68er ein Arbeiterkind gewesen sei. Daher war mir vieles nicht geheuer, was die Bürgersöhne und nachher die Bürgertöchter mit den Professoren veranstalteten: Vorlesungen stören, den Professoren das Mikrofon aus der Hand reißen, sich als die wahren Revolutionäre aufspielen. Das hätte ich nicht gekonnt. Ein Bildungsaufsteiger geht stattdessen den

Dingen mit großem Ernst und aller Kraft auf den Grund. Der Hebel, den er gemeinsam mit dem Freund Kottkamp, der ebenfalls von unten kam, gefunden hatte, war das Problem der Ökonomie in der Kritischen Theorie.

Die Meister waren darüber schon etwas nervös geworden. Friedrich Pollock, ein Mitbegründer des Frankfurter Instituts in jenen zwanziger Jahren, der über Varianten und Phasen des Kapitalismus geforscht und 1956 einen Band über Automation vorgelegt hatte, hatte ihnen gesteckt, dass Adorno, Horkheimer und Habermas über sie gesprochen haben. Der Bregenz und der Kottkamp löchern uns ein ums andere Mal, wie es mit einer Kritik der Politischen Ökonomie für die heutigen Verhältnisse weitergehe, aber wir haben keine Antwort.

Klaus Bregenz kam 1961 völlig ahnungslos nach Frankfurt am Main. Weder der Name Adorno noch die Frankfurter Schule sagte ihm etwas. Er hatte in Tübingen mit dem Jurastudium begonnen, verlor aber daran schon bald das Interesse. Er war damit auch mehr dem Wunsch eines Mentors gefolgt. Das war ein ehemaliger Oberfinanzrat, mit dem die Flüchtlingsfamilie Anfang der fünfziger Jahre in Kontakt kam. Alleinstehend und nach überstandener Entnazifizierung mit guter Pension ausgestattet, kümmerte sich der um den Jungen. Klaus Bregenz wurde 1940 in Kattowitz, im heutigen Polen, geboren. Er hat noch eine ältere Schwester, die einen Zahnarzt geheiratet hat. Beide Kinder haben die Welt ihrer Eltern verlassen.

Der Vater war von Beruf Dreher, die Mutter Hausfrau. 1933 hatten die Eltern geheiratet. Es war nach Auskunft des Sohnes mehr die Mutter, die die Kinder zum Weiterkommen anstachelte. Das hing wohl mit ihrer Herkunft zusammen. Ihre Eltern betrieben eine Gaststätte in der Stadt, wo sie schon früh die Unterschiede zwischen den gesellschaftlichen Ständen und Klassen kennenlernte und woraus ihr Hang zu Höherem resultierte. Die Mutter begrüßte es daher, dass der bessere Herr sich des Sohnes annahm. Der Vater, aus einem Clan von Stahlarbeitern stammend, verfolgte das soziale Fremdgehen seines Sohnes mit missmutiger Unbeteiligtheit. Vom Oberfinanzrat a. D. wurde er in Schach eingewiesen, auf dessen Betreiben auch wurde der aufgeweckte Junge auf die höhere Schule geschickt. Denn, so der Kommentar von Klaus Bregenz zur Geschichte seines sozialen Aufstiegs, in so einer Arbeiterfamilie kommen die Eltern normalerweise nicht auf diese Idee.

Aber besonders gemocht hat der Heranwachsende seinen Förderer offenbar nicht. Das hatte seinen Grund vielleicht darin, dass dieser den Jungen entgegen seinen Neigungen zum Juristen machen wollte. Auf dem Gymnasium hatte Klaus Bregenz sehr gern und sehr viel gemalt. Dafür war der Zeichenlehrer verantwortlich, der ihm, wie mein Gesprächspartner sich ausdrückte, eine Staffelei hingestellt hatte. Der Jugendliche liebte die psychologische Kunst des Porträts, bei dem es um die Erfassung des inneren Wesens in der äußeren Erscheinung geht. Hier tritt einem ein empfindsamer junger Mann entgegen, der von Mentor zu Mentor nach oben geleitet wird.

Gleichwohl hielt noch der Professor Klaus Bregenz trotzig an dem Stigma fest, ein Arbeiterkind zu sein. Von sich aus wäre er auf eine Kunstakademie gegangen. Er sei jedoch von Hause aus nicht reich genug gewesen, um es sich leisten zu können, arm zu bleiben. Es blieb ihm nichts anderes übrig, als auf Geheiß seines intimen Förderers einen richtigen akademischen Beruf zu lernen. Aber heimlich besuchte er schon während des Jurastudiums Vorlesungen und Seminare in Philosophie. Er wollte wissen, was die Welt im Innersten zusammenhält. Deshalb wandte er sich den Sozialwissenschaften zu und wechselte von Tübingen nach Frankfurt. Diese Entscheidung kann man als lebensgeschichtliche Kompromissbildung zwischen künstlerischer Empfindsamkeit und beruflicher Sicherheit interpretieren. Er wählte auch nicht Philosophie, sondern eine der neuen Disziplinen von Soziologie, Linguistik oder Sozialpsychiatrie, die versprachen, weder brotlose Kunst noch seelenloser Beruf zu sein. Damit setzte Klaus Bregenz auf ein Trojanisches Pferd, so ein Bild von Pierre Bourdieu, im System seriöser Bildung.

Wieder ist Adorno das Bezugs- und Liebesobjekt eines Sinnsuchers aus der Generation von 1968. Dieses Mal ist die Beziehung jedoch durch und durch ambivalent. Einerseits war es so, dass ich ihm nicht zuhören konnte, weil mich dieses Imponiergehabe so aggressiv machte. Andererseits habe ich immer schon gewusst, wovon er redet. Das ist eine ganz merkwürdige Sache.

Wie konnte das Arbeiterkind aus einer Flüchtlingsfamilie dem Philosophen so traumwandlerisch folgen, der nach dem Massenmord an den europäischen Juden in seine Heimatstadt zurückgekehrt war? Was verstand der junge Mann, wenn Adorno in seiner Vorlesung davon sprach, dass die Gesellschaft eine Einheit nicht nur von Getrenntem sei, sondern eine Einheit, die sich durch den Trennungs-, durch den Abstraktionsmechanismus hindurch überhaupt eigentlich erst vollziehe? Klaus Bregenz führte sein unbewusstes Verstehen auf eine lebensgeschichtliche Ursprungsszene zurück. Der ewige Punkt, den er bei Adorno spürte, sei die Scheinanwesenheit der Mutter gewesen. Wie man in Zeiten frühester Verfolgung und Bedrängung überleben könne: stets zu wissen, was die Mutter denkt und will, ohne dass diese selber weiß, was sie will und denkt. Dinge wahrzunehmen, die andere nicht wahrnehmen, und Zusammenhänge zu erahnen, die dem normalen Verstand völlig unwahrscheinlich vorkommen. Während er in der Vorlesung dem Denken dieses kleinen Mannes mit den großen Augen folgte, das aus dem verruchten Kreislauf der bürgerlichen Gesellschaft herausführen sollte, tauchte er immer tiefer in seine eigene Geschichte ein.

Ich muss an das Väterchen denken, zu dem der vaterlose Peter Märthesheimer von Mutter und Tante gemacht worden war. Aber auch an die Mutter von der ebenfalls vaterlosen Adelheid Guttmann und deren Märchenschicksal. Ich war auf einen Urgrund der Kriegskinder gestoßen, die dann als 68er-Generation Furore gemacht haben. In einer bestimmten psychoanalytischen Sprache würde man von einer vereitelten Dreiecksbildung sprechen, bei der der Vater nicht existent war, weggeblieben ist oder sich ausgeklinkt hat. Den Kindern fehlt dann das rettende Nein des väterlichen Gesetzes, das die Unverbrüchlichkeit der affektiven Solidarität der Eltern gegen das heroische Werben der sich maßlos überschätzenden Kinder zum Ausdruck bringt.

Aber welcher Vater konnte denn im Sog des Wiederaufbaus glaubhaft Nein sagen? Klaus Bregenz schildert seinen Vater mit der verhaltenen Zuneigung eines Sohnes, der ein Einsehen ins Verstummen hat. Das sei ein absonderlicher Mensch gewesen, der nach wochenlangem Fußmarsch aus der Kriegsgefangenschaft nach Hause zurückkehrte, ein barscher Kerl, der viel auf sich genommen, aber nie geredet habe. Was sollte er auch machen? Am Wochenende habe er gesoffen wie ein Loch, aber, unterstreicht der Sohn, um den Vater noch einmal in Schutz zu nehmen, nur am Wochenende.

Klaus Bregenz war davon überzeugt, dass den vielen Nachbetern Adornos dieser Sinn für die Sache abging. Insofern war es ganz konsequent, dass er sich mit Peter Kottkamp zu einem Außenseiterbündnis zusammenschloss, um den Botschaften zwischen den Zeilen auf die Spur zu kommen. Sie wollten sich vom Kult des Brillanten nicht täuschen lassen, sondern das Geheimnis hüten, das sie mit Adorno verbanden.

Offenbar hegte Adorno eine gewisse Sympathie für den Studenten mit dem eigenen Kopf, denn er bot dem frisch Diplomierten an, bei ihm zu promovieren. So gelangte der Bildungsaufsteiger in den kleinen Kreis um die Bildungsmandarine. Das Buch, das aus der Dissertation hervorgegangen ist und das heute als ein wesentlicher Beitrag zur Marx-Rezeption im westlichen Marxismus gilt, hat er ganz allein ausgetüftelt. Seine Fragen waren methodischer Art: Was ist eine Darstellung, die der Sache selbst folgt? Was unterscheidet eine beliebige von einer notwendigen Kritik? Wie können die Verblendeten den Verblendungszusammenhang begreifen?

Das Buch hatte seine Zeit. Aber als die Zeit vergangen war, zu der das Buch passte, ist der Autor mehr oder minder verstummt. Wie kam das?

In den späten siebziger Jahren habe er gemerkt, dass die verkehrte Form der Einheit, von der er in seinem Buch gesprochen habe, die Formel seiner eigenen Existenz sei. Diese merkwürdige Einheit, die immer eine sein sollte, aber nie eine war, war die Arbeiter- und Flüchtlingsfamilie, die er im Gepäck hatte. Da gab es keinen Konflikt, nichts, und wenn irgendwo ein Konflikt auftrat, wurde der sofort untern Teppich gekehrt, da durfte nie was angetastet werden. Ich habe die bürgerliche Gesellschaft gemeint, aber über meine Familie gesprochen. Ich hätte diese Interpretation von Marx nicht geliefert, wenn ich nicht diese Familie gehabt hätte.

In einem anderen Klassiker der siebziger Jahre wurden solche Verhältnisse Pseudogemeinschaften genannt. 1969 erschien in deutscher Übersetzung in der legendären Reihe Theorie bei Suhrkamp der Band *Schizophrenie und Familie*. Es ging in den Beiträgen zu einer Kommunikationstheorie psychischer Störungen nicht nur um die Pathologie einzelner Familien, sondern um die Pathologie der Gesellschaft, die solche Familien hervorbringt. So schrieb Ronald D. Laing unter der Überschrift »Mystifizierung, Konfusion und Konflikt«: »Marx benutzte den Begriff der Mystifizierung im Sinne einer nicht zu durchschauenden Verdrehung dessen, was vor sich geht (Prozess) oder was getan wird (Praxis), im Dienste der Interessen einer sozio-ökonomischen Klasse (der Ausbeuter) über oder gegen eine andere Klasse (die Ausgebeuteten). Indem die Ausbeuter Formen der Ausbeutung als Formen der Wohltätigkeit darstellen, verwirren sie die von ihnen Ausgebeuteten so sehr, dass diese sich mit den Ausbeutern eins fühlen oder für ihre (nicht erkannte) Ausbeutung dankbar sind und sich nicht zuletzt schlecht und verrückt vorkommen, wenn sie nur an Rebellion denken.« Man kann diesen Text heute als Kommentar zu der Formel von der »verkehrten Form der Einheit« als Strukturprinzip der bürgerlich-kapitalistischen Gesellschaft lesen.

Der Aufsatz und die Bücher von Laing über Schizophrenie und das Buch von Klaus Bregenz über den Kapitalismus rücken plötzlich zusammen. Sie umschrieben eine Form der Erfahrung, die offenbar auf das unbewusste Verständnis eines bestimmten Publikums traf. Man fühlte sich in einer Pseudogemeinschaft gefangen, die von der Angst vor der Differenz der Klassen, der Generationen und der Geschlechter beherrscht war. Die Gummizäune der liberalen Presse und die Legenden des Kalten Kriegs stabilisierten eine Gesellschaft ohne seelische Zukunft, die zwanghaft darauf bedacht war, dass die historischen Kompromisse der Nachkriegszeit nicht gefährdet wurden. Aber die »Risse in der Mauer« waren nicht zu übersehen.

Auf eine merkwürdige Weise kommunizierten hier individuelles und kollektives Unbewusstes. Das gemeinsame Thema war das Entkommen aus einer Scheinnormalität. Unter dem Deckmantel der Marx'schen Begriffe verarbeitete Klaus Bregenz seine ganz individuellen Erfahrungen zu einer Denkfigur, die einem allgemeinen Erfahrungszusammenhang entsprach. Insofern hatte er seine Interpretation in der Tat nicht ohne diesen Hintergrund entwickeln können.

Aber aus dieser Einsicht in das Unbewusste der Theorie konnte Klaus Bregenz keine Energie für die weitere wissenschaftliche Arbeit schöpfen. Im Gegenteil: Er verhedderte sich in einer Kaskade der Dekonstruktion, an deren Ende das Fazit stand, Theorien seien zum großen Teil Selbstexplikation der Theoretiker. Die haben mit ihrer Realität zu tun, aber nicht mit der der anderen. Wie ein enttäuschter Liebhaber wandte sich Klaus Bregenz ab von der Wissenschaft. Die Kritik geriet zur Abrechnung.

Wenn man sich die Wissenschaft anschaut, muss man sagen, wie viel Schrott produziert wird. Die halten, weil sie irgendwelche Regeln einhalten, für objektiv, was genau besehen ziemlich subjektiv ist. Ich denke, daraus muss man die Konsequenz ziehen, wir haben lediglich singuläre Theorien von singulären Individuen für andere singuläre Individuen, die an singulären Theorien arbeiten. Zeig mal, was du damit machst, und ich überlege dann, was ich damit machen kann, und umgekehrt. Aber davon will der institutionalisierte Wissenschaftsbetrieb nichts wissen. Das hörte sich weder heiter noch gelassen an.

Aber vielleicht, räumte er damals ein, habe seine Weltsicht auch etwas mit der Situation der Lebensmitte zu tun. Man sehe das Ende seiner Tage und frage sich, was man noch hinbekommen könne. Das sei die Zeit, in der die eigenen Eltern sterben und man selbst als Eltern seine eigenen Kinder in die Selbstständigkeit entlasse.

Sein Sohn sei jetzt 21 Jahre alt. An dessen Stelle wolle er nicht sein. Marx habe mit seinem nicht ganz ausgereiften Theorem vom tendenziellen Fall der Profitrate etwas Richtiges getroffen. In unserem System, versicherte Klaus

Bregenz Ende der achtziger Jahre, als ein Zusammenbruch des Weltfinanzsystems noch undenkbar war, sei eine negative Dynamik am Werk, die sich immer weiter austobt, wie ein Schneeballsystem, das auf immer erweiterten Stufen kollabiert und alles mit sich reißt. Wie ein riesiger Fleischwolf, den nichts aufhalten und dem niemand entkommen kann.

Klaus Bregenz wollte von Adorno den Trick des Überlebens lernen. Wie man leben kann, wenn man seelisch noch gar nicht geboren ist. Der Fusion mit der Mutter zu entkommen wäre der erste Schritt der Individuation gewesen. Aber gegen die Macht des Ursprungs nützt die bloße Behauptung der Identität nichts. Im Gegenteil, von Adorno war zu lernen, dass der Zwang zur Identifizierung nur ein leeres Ich hervorbringt, das gewaltsam gegen sich selbst und gegen andere verfährt. Was Adorno als einzige Form der Rettung vorführte, war, immerzu zu reden. Der Gescheite ist Adorno zufolge immer in Versuchung, zu viel zu reden. Ihn bestimmt die Angst, dass der schwächliche Vorteil des Worts gegen die Gewalt plötzlich nichts mehr gilt. Trotzdem konnte er standhalten, ohne sich der Selbsterhaltung zu unterwerfen. Deshalb löcherte ihn Klaus Bregenz zusammen mit Peter Kottkamp. Es ging nicht um politische Anweisungen oder theoretische Umstellungen, sondern darum, ein Leben zu finden, das man aushält.

Heute frage ich mich, ob bei dem ganzen Hantieren mit Adorno nicht verdeckt blieb, aus was sich die Generation von 68 retten und zu was sie sich befreien wollte. Was hatte mein älterer Bruder, der auch 1940 auf die Welt gekommen ist, seinen und meinen Vater bewusst erst 1950 gesehen hat, von Adorno noch nie etwas gehört hat, alles darangesetzt hat, nicht zum Bund zu müssen, vierzig Jahre lang Lkw gefahren hat und manchmal wie Mario Adorf aussieht, mit dem Arbeiter- und Flüchtlingskind Klaus Bregenz gemein?

Der ebenfalls 1940 geborene Rolf Dieter Brinkmann notierte zum Schicksal seiner Generation in *Rom, Blicke* von 1979:

> Ruinenkinder, Bombensplitterkinder, ja, Todessplitterreisen haben wir, jeder auf seine Art, gespielt, und die frühe Kulisse waren aufgerissene Straßen, abgedeckte Häuser, brennende Ruinen – lange her und in der ersten Zeit des Lebens, des Sehens, der Neugier, der ersten halbbewussten Wahrnehmungen versiegelt, eingeschlossen, nämlich was?: Trümmer, zerrissene Häuser, Betonbrocken, Brandphosphorbomben und blaue Narben am Körper eines Spielkameraden (...) das ist es, was sich als erste Lebenskulisse ergab, unter dem nicht näher fassbaren Druck und der Bedrohung der Vernichtung – das ist unsere Generation, eine Gerümpel-Generation, hastig und mit Angst vor dem Krieg oder in den ersten Kriegstagen zusammengefickt – ein verworrenes Motiv: ehe der

Mann in den Krieg zieht, macht er der Frau noch ein Kind – »ich bin nur da, weil es einen Krieg gab« – und was ist dann Kindheit und Jugend? Nichts als eine einzige Entschuldigung, dass man überhaupt da ist, »entschuldigen Sie, dass ich geboren bin«.

Die erschrockene Seele

Das Bild, das sich mir aus der Begegnung mit Camilla Blisse eingeprägt hat, ist das eines vierjährigen Kindes, das an den Händen der Mutter und der älteren Schwester im Herbst 1944 durch das zerbombte Berlin läuft. Sie waren aus Westpommern angekommen und mussten umsteigen. Vom Bahnhof Friedrichstraße durch die Stadt zum Anhalter Bahnhof.

Ich erinnere mich noch genau, da war gerade ein großer Angriff auf Berlin gewesen, und wir mussten durch diese kaputte Stadt laufen, und ich fand, das waren wirklich Höllenvorstellungen, so sieht die Hölle aus. Das war nachts, das vergesse ich nie.

Wohin kommt man in seinem Leben von da aus? Camilla Blisse hat auch mit fast achtzig das Juliette-Gréco-hafte ihrer Erscheinung nicht verloren. Sie gilt als eine der wichtigsten feministischen Theoretikerinnen im deutschsprachigen Raum, die Heinrich-Böll-Stiftung der Grünen hat einen Preis nach ihr benannt, und zu ihrem achtzigsten Geburtstag wird sicherlich eine Festschrift erscheinen, von zwei jüngeren Theoretikerinnen aus der Gender-&-

Diversity-Richtung herausgegeben und in der ihrer Wirkung als autonome Denkerin Referenz erwiesen wird.

Als ich sie im Herbst 1989 in ihrer großräumigen Berliner Wohnung zum ersten Mal von Angesicht zu Angesicht wahrnahm, konnte ich mir sofort das schüchterne und widerspenstige Wesen vorstellen, das sie in ihrer Jugend gewesen sein musste. Von einer Freundin wusste ich, welch enormen Einfluss sie auf junge Frauen aus dem akademischen Milieu hatte, die in den achtziger Jahren auf der Suche nach einer Haltung in unübersichtlichen Zeiten waren. Ihr Stern ging auf mit der Katastrophe von Tschernobyl im Jahre 1986. Die Menschheit hatte mit einer Gefahr anderer Art zu tun, die mit einem Schlag alle Schutzzonen und Ländergrenzen aufgehoben zu haben schien. Der größte anzunehmende Unfall war durch Dummheit, durch Zufall, durch Immunisierung gegenüber Zweifeln und durch Selbstwirksamkeitsüberzeugungen gegen jedes Eingeständnis von Fehlverhalten tatsächlich eingetreten. Die Gefahr, die mit verstrahlten Wolken übers Land zog, hatte die Risikokalkulationen von Wissenschaft und Technik Lügen gestraft. Camilla Blisse sah eine Wendezeit für den Feminismus anbrechen, in der die Kassandra zur Leitfigur einer bewussten Abkehr von illusionären Sinnstiftungen aufsteigen würde. Unsere Mittäterschaft, schrieb sie mit und gegen Hegel, entlarvt sich in dem Maße, wie wir die gegenwärtige Zeit nicht erfassen.

Sie gehörte zweifellos zur Bewegung, denn am Abend

des Attentats auf Rudi Dutschke fand sie sich zusammen mit anderen am Klinikum Westend ein, wohin man den Schwerverletzten gebracht hatte, um Wache für ihn zu halten. Das war umso erstaunlicher, als sie nachdrücklich ihre Abneigung gegen jede Art von Gruppenzwang betonte. Deshalb war sie in der Organisationsphase der Bewegung in den siebziger Jahren, als Maoisten gegen Spartakisten, Undogmatische gegen Jungsozialisten und Trotzkisten gegen alle kämpften und Organisation für die notwendige Form der politischen Veränderung gehalten wurde, großen Anfeindungen ausgesetzt. Aber sie habe sich dem immer widersetzt. Trotzdem war sie an diesem Abend an Ort und Stelle.

Die Aversion gegen die Organisationen des Parteiaufbaus von links erklärte sie mit dem schon damals bestehenden Gefühl, nirgendwo hinzugehören. Mit solchen Sehnsüchten, eine Familie zu gründen oder sich einer politischen Gruppierung anzuschließen, habe sie noch nie etwas im Sinn gehabt. Im Gegenteil, sie habe ihre ganz große Chance darin gesehen, sich nirgendwo zuzuordnen, als eine Art Steppenwolf zu leben. Das sollte ich aber nicht so verstehen, dass sie sich keiner Opposition gegen diese Kultur und Gesellschaft zurechnen könne. Aber das sei eine existentielle und zugleich abstrakte Position.

Ich wollte von ihr wissen, woher dieses Gefühl rühre und was sie im Leben damit verbinde. Der erste Punkt ist, dass ich im Krieg geboren bin. Mein Vater ist gefallen, relativ früh, den habe ich kaum gekannt. Ich bin in einer vaterlosen Konstellation mit Mutter und Schwester und später noch mit Großmutter aufgewachsen und habe nie das Bedürfnis entwickelt, eine heile Familie zu haben. Diese Orientierung auf Familie ist für ein Kind normalerweise ziemlich wichtig, nicht für mich. Ich fand Leute immer blöd und langweilig, die in bestimmten normierten Verhältnissen lebten und leben wollten.

Wieder war ich auf einen toten oder abwesenden Vater gestoßen. Anders aber als bei Adelheid Guttmann münzte Camilla Blisse diesen Mangel in einen Vorzug um. In ihrem Sehnsuchtsabschwörungsprogramm stilisiert sie sich zum Steppenwolf, der wie Harry Haller in Hermann Hesses Roman berufslos, familienlos und heimatlos ein den faden Bürgern überlegenes Leben nahe dem Selbstmord führt. Was an dieser Wahl ist jugendliche Abwehr, was existentielle Bewahrheitung?

In unserer halbverwaisten Familie wurde natürlich ununterbrochen davon gesprochen, wie es wäre, wenn unser Vater noch da wäre. Bei jedem überhaupt nur erdenklichen Problem fiel der Satz, wenn unser Vater jetzt da wäre, dann würde alles anders sein. Es gibt von mir auch Unmassen von Kinderbildern, wo ich meinen Vater im Himmel gemalt habe, wie er da oben mit einem Stahlhelm bei den Engeln rumläuft und Kekse bäckt an Weihnachten und ich da unten auf der Erde herumlaufe.

In der deutenden Rückschau sehe sie darin mehr

einen Wunsch als ein tiefer gehendes Gefühl. Der Wunsch der Hinterbliebenen, als die sie sich gefühlt hätten, dass doch noch jemand vorhanden wäre, der die Dinge besser hätte regeln können. Aber echt sei das nicht gewesen. Das sei mehr ein Übernehmen von dem gewesen, was alle sagten.

Eigentlich habe ich meinen Vater überhaupt nicht vermisst. Nicht eine Minute. Im Gegenteil, ich habe mit einer gewissen Herablassung auf diejenigen geschaut, die in unblessierten Lebensverhältnissen dahinlebten.

Noch im Nachhinein konnte sie den Hohn und Spott auf die aufgesetzte Gutbürgerlichkeit des deutschen Wirtschaftswunders, als der Wohlstand für alle gefeiert wurde, kaum unterdrücken. Sie mit ihrer Schwester, ihrer Mutter und ihrer Großmutter dagegen seien sehr lange sehr arm gewesen, weil ihr Vater jenseits der Oder-Neiße-Linie, wie man heute sage, Pfarrer gewesen war und den Witwen dieser Gottesdiener in der konsolidierten Bundesrepublik keine Rente zugestanden wurde.

Camilla Blisse hat ohne Vater und ohne Geld nach dem Krieg zehn Jahre in den Bodelschwinghschen Anstalten von Bethel zugebracht. Das war und ist ein riesiger, von der evangelischen Kirche unterhaltener Betrieb der Inneren Mission. Das sei ein christliches Pflaster gewesen, wo der Heranwachsenden mehr und mehr der Widerspruch zwischen Wort und Tat aufgegangen sei und sie wieder das Gefühl der Heimatlosigkeit in dieser neuen Heimat überkommen habe. Nur die Orgel, die sie dort zu spielen lernte, habe ihr in den Hungerjahren des Nachkriegs einen anderen geistigen und seelischen Raum eröffnet.

Die Orgel hat auch was mit Autonomie und Großartigkeit zu tun, mit Raumerfüllung und mit Souveränität, also so einen großen Raum mit dieser fantastischen Musik allein zu beherrschen, das hat auch etwas mit dem christlichen Hintergrund zu tun, mit Sicherheit, aber nicht nur.

Die junge Frau rettete sich nicht mit Adorno, sondern mit Bach. Das Empfinden des Selbstseins kommt aus der Resonanz im großen Raum der Orgel. Da kann man etwas beherrschen, was größer ist als man selbst, und wird dadurch von etwas beherrscht, was einen davonträgt. In der Brüchigkeit der Welt ertönt eine Möglichkeit von Versöhnung.

Allerdings muss man sich vor Augen halten, dass Amts- und Musikpflege im evangelischen Pfarrhaus zusammengehören. »Die Wunder, die sich unseren Augen darbieten«, hatte Luther verkündet, »sind viel geringer als die Wunder, die wir mit den Ohren wahrnehmen.« In der Orgelmusik von Bach erfüllt sich, wie sie widerwillig zugeben muss, diese Auffassung protestantischer Kunstreligiosität. Darin erweist sich Camilla Blisse als gelehrige Schülerin ihres toten Vaters, der ihr im Himmel bei ihren Bemühungen auf Erden zusieht. Ohne Geld und ohne Vater im Wirtschaftswunder aufzuwachsen stellt zudem eine besondere Bewährung dar, die sie von der Masse der Unbedarften und Unblessierten abhebt.

Wie ich Camilla Blisse in der Erinnerung jetzt vor mir sehe, kann ich mich zwischen diesen beiden Interpretationen nicht entscheiden. Hat sie in den vielen Stunden an der Orgel einen Klang von Versöhnung in einer unversöhnten Welt gehört, oder hat sie mit den ungeheuren Tönen in der leeren Kirche einem, mit dem Pfarrerssohn Gottfried Benn gesprochen, »Fanatismus der Transzendenz« gehuldigt?

Aber wie war Camilla Blisse mit ihrer, wie man seinerzeit sagte, unvollständigen Familie überhaupt in dieses Abseits von Bethel geraten?

Mein Vater war überzeugter Nationalsozialist. Ein ganz überzeugter Christ mit der Waffe. Er ist als Pfarrer freiwillig in den Krieg gezogen, war schon bei der SA, was in zahlreichen Schriften und Briefen dokumentiert ist, seine Haltung zum Nationalsozialismus.

Und die Mutter?

Meine Mutter war in dieser Hinsicht halt eine typische Frau, das heißt, sie hat keine eigene Position dazu entwickelt, sie hat geglaubt, dass es richtig sei, wie ihr Mann das gemacht hat, sie hat jedenfalls gehofft und versucht, es gut zu finden. Das nehme ich jedenfalls an. Aber sie hat darüber nicht ein einziges Mal gesprochen. Das war ein absolutes Tabuthema.

Der Nationalsozialismus sei in dem geschützten Raum von Bethel insgesamt kein Thema gewesen. Es sei nur atmosphärisch zu spüren gewesen, dass die Anstalt auch sehr viele Nationalsozialisten beherbergte. Sie habe Leute auf dem Gelände herumlaufen sehen, gegenüber denen eine gewisse Berührungsscheu bestand, aber sie habe nicht so richtig verstanden, warum das so war. Was da wirklich los war, habe sie erst viel später herausgefunden.

Camilla Blisse schildert hier eine Welt, in der alles etwas unheimlich war. Wäre der Vater einer dieser ausgestoßenen Menschen gewesen, deren man sich in Bethel annahm? Man denkt an schweigsame und geduckte Gestalten, denen man instinktiv aus dem Weg geht. So etwas will die Tochter dem Vater selbst in der Vorstellung nicht zumuten. Der wird als ein doppelter Überzeugungstäter präsentiert – ein überzeugter Nazi mit apokalyptischem Vorstellungsvermögen und ein überzeugter Christ mit der Waffe. Dieses doppelte Überzeugtsein hebt ihn ab von allen Karrieristen, Angepassten und Zuschauern des Regimes. Das macht ihn absurderweise groß und stark, als sei er ein Held zur falschen Zeit gewesen. Martin Niemöller, so wie ihn der 68er Klaus Theweleit in den *Männerphantasien* von 1977 und 1978 analysiert hat, ist der Prototyp des überzeugten Christen mit der Waffe. Ob im U-Boot oder in der Kirche, im Bewusstsein der göttlichen Gnade kann es nur Führung und Gefolgschaft geben. Es ist womöglich dieses Bild des Vaters, das die Mutter vor den Kindern aufrechterhalten will. Sie wird von ihrer Tochter als eine Frau charakterisiert, die ihr Selbstwertgefühl aus der Anlehnung an ihren Mann schöpft. Keine falschen Fragen und unangemessenen Anschuldigungen sollen diese Ikone über den Tod hinaus noch beschmutzen. Im Grunde folgt die Tochter der Linie der Mutter: Es gibt nichts zu deuten, seine Haltung ist schwarz auf weiß dokumentiert. Besser ein überzeugter Täter als ein bloßer Mitläufer. Das Widerliche sind doch die faulen Kompromisse und die ängstlichen Arrangements. Kämpferisch und entschieden muss man Gott folgen oder dem Nichts ins Auge blicken.

Camilla Blisse bringt ihre Mutter indes nicht nur als Frau des Vaters, sondern auch als Mutter der Kinder ins Bild. Sie habe ihre Mutter sehr geliebt. Wie zupackend und liebevoll sie die schwierige Situation zu dritt gemeistert habe, das sei ganz wunderbar gewesen. Aber sie glaube nicht, dass sie das ohne die beiden Töchter geschafft hätte. Das sei ein tief empfundenes Bündnis des Überlebens gewesen. Erst im Krieg und dann im unmittelbaren Nachkrieg. Die Bindung aneinander und die Fürsorge füreinander seien sehr einmalig gewesen. Mit anderen Worten: Die drei haben gemeinsam die Höllen der Zerstörung und die Mühen des Wiederaufbaus durchlebt. Die Mutter für die Kinder und die Kinder für die Mutter.

Anfang der sechziger Jahre verließ sie die Anstalt und fing mit dem Studium ein völlig neues Leben an. Zum ersten Mal taucht eine Wir-Perspektive in ihren Erzählungen auf. Sie seien damals alle vollkommen unpolitisch gewesen. Das könne man sich heute gar nicht mehr vorstellen. Überhaupt keine Ahnung, nicht das geringste Interesse, sich damit zu beschäftigen, was Politik bedeutet. Sie könne sich noch an die Aufrüstungsdebatte erinnern, Franz Josef Strauß und Kiesinger, da habe sie am Radio gehangen und versucht, eine Position dazu zu haben, zur atomaren Frage. Aber relativ unpolitisch. Das hieß moralisch?

Ja, moralisch. Und sehr mit einem existentialistischen Grundgefühl. So, diese Welt ist sowieso nicht mehr zu retten, die Menschen werden das nicht aufhalten. Ob nun die Bundesrepublik Atomwaffen hat oder nicht, ist letztlich egal, das wird hier alles zu Bruch gehen. Wenn eine solche Bombe erfunden worden ist, dann wird sie auch zum Einsatz kommen. Das entspricht dem menschlichen Unvermögen, überhaupt ein vernünftiges Leben hinzubekommen. Die moralische Inkompetenz des Menschen war eigentlich ein Grundgefühl.

Das Kriegskind begegnete der bundesrepublikanischen Welt offenbar mit großem Misstrauen. Von diesen Menschen, die sich etwas mehr als zehn Jahre nach der Höllenerfahrung des Krieges wieder mit Atomwaffen ausstatten wollten, war nichts zu halten. Im Grundgefühl der moralischen Inkompetenz der anderen hat sich die Jungakademikerin den dynamischen Zeiten nach einem schrecklichen Krieg zu versperren versucht. Die Kriegskinder, so der schon zitierte Rolf Dieter Brinkmann in einer

Erzählung aus dem Jahre 1962, hatten das Gefühl, in einer Grube zu hocken.

Außerdem waren ihr die Geschlechterrollen des Aufbruchs so entsetzlich gegen den Leib geschnitten, dass sie in diese Welt des unbeschwerten Vergnügens nicht reinpasste. Für die Jungs war sie zu groß, für die Gespräche zu ernst und die Sitten zu quer. Im Zweifelsfall hörte sie lieber Chansons als Schlager und Songs. Einzig der Twist hat bei ihr etwas gelockert. Da hat sie trotz ihrer Unanschmiegsamkeit mittanzen und mitmachen können.

Ihr persönlicher Aufbruch kam erst mit den Anfängen der Studentenbewegung, die sie als eine Praxis von Denkfreiheit und des Widerstandsgeistes erlebte. Diese neue Erfahrung der Freiheit war für sie an ein neues Denken der Welt gebunden.

Ende der sechziger Jahre lag plötzlich eine Kategorie auf dem Tisch, die das ganze psychologische Denken umkrempelte. Das war die Kategorie Gesellschaft. Die gab es vorher nicht. Überhaupt zu denken, dass es eine Gesellschaft gibt, die Menschen prägt, und nicht nur individuelle Erfahrungen, das war eine solche Herausforderung und ein solches Aha-Erlebnis, was dazu führte, dass die Psychologie im herkömmlichen Sinne radikal in Frage gestellt wurde. So ein Begriff wie gesellschaftliche Bedingtheit des Verhaltens, der hatte unglaubliche Folgen für den Umgang mit Problemen und für den Umgang mit dem einzelnen Menschen, den man als Psychologe vor sich hat und der mit seinem Leben nicht zu Rande kommt. Das führte nicht zu anderen Methoden innerhalb der Psychologie, sondern es führte dazu, die Psychologie überhaupt zu verlassen. So war es bei mir.

Man konnte jetzt nicht mehr nur Methoden wechseln, man musste einen ganz anderen Blickwinkel einnehmen. Camilla Blisse sagte nicht »gesellschaftlich vermittelt«, wie das bei Adorno hieß, sondern »gesellschaftlich bedingt«. In beiden Formulierungen stellt sich Gesellschaft als eine Realität eigener Art dar, aus der heraus überhaupt erst das individuelle Verhalten und womöglich sogar das subjektive Erleben zu verstehen ist. Man kann nicht bei sich, man muss mit dem Ganzen anfangen, aus dem das, was mir passiert und was ich fühle, einen Sinn erhält.

Hatte Camilla Blisse damit einen gültigen Ausdruck für das Dilemma ihrer Existenz gefunden? Ein Schicksal wie der Krieg, das von außen kommt, und der einzelne Mensch, der seine beschränkte, auf seine subjektive Selbstbewahrung reduzierte Perspektive überwinden muss, um verstehen zu können, was mit ihm passiert. Wer in Kategorien der Gesellschaft denkt, braucht sich selbst nichts mehr vorzumachen und kann daher die Dinge klarer und unvoreingenommener sehen, die uns alle betreffen. Die Hölle, das sind nicht die anderen, das ist ein Geschehen, in das wir alle einbezogen sind und das uns die Möglichkeit lässt, die Welt anders einzurichten, wenn möglichst viele es so wollen. Unklar bleibt nur, wie wir selbst zu unserm Schicksal beitragen. Daran entscheidet sich, ob man »gesellschaftlich bedingt« oder »gesellschaftlich vermittelt« sagt.

Ich musste sie fragen, ob sie heute noch an die Formel von damals glaube.

Ihre Antwort lautete: im Prinzip ja. Das war die riesige Eröffnung einer ganzen Denk- und Gesellschaftsbewegung. Warum Männer und Frauen, in ihrer unterschiedlichen Normgebung, so geworden sind, wie sie sind. Allerdings stelle sich für sie die Frage nach der gesellschaftlichen Bedingtheit heute anders als um 1968. Es reiche nicht mehr aus, auf dem Kapitalismus rumzureiten. Man müsse viel großräumiger und weitreichender denken. Dazu gehöre die Geschichte der Zivilisation mindestens seit der Aufklärung. Man müsse mindestens die Geschichte der letzten zweihundert Jahre in den Blick nehmen. Und wahrscheinlich bleibe auch dann immer noch der wesentliche Rest offen.

Dann wurde sie noch grundsätzlicher.

Vielleicht hänge es mit dem Älterwerden zusammen und mit den vielen sich wiederholenden Erfahrungen, vielleicht aber auch mit einer Engführung der auf Gesellschaft allein gerichteten Perspektive. Sie wisse, wie problematisch eine solche Perspektivenerweiterung sei, sie sage es aber ganz bewusst: dass Gedanken zur Biologie nicht ganz sinnlos seien. Die Fragen der Ökologie, der Grenzen des

Wachstums und der Überziehung der Machbarkeitsfantasien stehen im Raum.

Woher, fragte ich, ohne sonderlich überrascht zu sein, diese Wendung komme.

Es ist eigentlich mehr ein Ergebnis der Verzweiflung darüber, dass von der Veränderbarkeit der Menschen immer weniger zu halten ist. Wir haben uns derartige Illusionen gemacht über die Möglichkeiten der Veränderung, ich sehe in dieser Kultur, in unserer westlichen, zivilisierten, weißen Kultur, eine solche Stagnation von überhaupt nur der Vorstellung, was Befreiung heißen könnte, den vollkommenen Schwund, das totale Abhandenkommen von übergreifenden politischen Ideen, den absoluten Verlust des Bewusstseins, was Ausbeutung bedeutet, Ausbeutung, die diese Kultur vornimmt an Ländern des Südens, an Frauen, an der Natur. Das ist für mich heute die entscheidende Richtung zu denken, aber ich erkenne gleichzeitig, dass ein solches Denken zu abstrakten Formeln verkommt, es ist an der Zeit, lebendig zu machen, was das im Rahmen der zweihundertjährigen, aber genau genommen muss man sagen, der zweitausendjährigen Geschichte unserer Kultur bedeutet. Das ist ein weites Feld.

Ich habe damals notiert: Die Eröffnung war riesig, aber das Ende erscheint kläglich. Das »Wir«, das sich so ungeheuerliche Illusionen gemacht hat, ist zuerst das »Wir« der Studentenbewegung, dann das »Wir« der Aufklärung und schließlich das »Wir« der abendländischen, weißen und westlichen Kultur. Ein lebendiges Bewusstsein von Befreiung muss den Blick woanders hinwenden. Es sind die zum Schweigen gebrachten Stimmen des Südens, der Nicht-Weißen und der Natur, die wieder hörbar gemacht werden sollen.

Ich protestierte, weil mir das alles so apokalyptisch, so alles für die Katz vorkam, und wandte ein, ob sie sich wirklich vorstellen könne, dass die Menschheit sich selbst vernichte.

Natürlich kann ich mir das vorstellen. Das kann ich mir nicht nur vorstellen, dazu brauche ich keine große Fantasie, ich kann mich auf tausendjährige Fakten beziehen, dass dieser Mensch immer wieder alles getan hat, um nicht in einer vernünftigen und harmonischen oder überhaupt in einer Beziehung zu seiner Umwelt und zur Welt insgesamt zu leben. Das heißt nicht, dass es immer wieder wunderbare Menschen gegeben hat, die sich anderes vorstellen konnten, das ist nicht der Punkt. Aber die Zerstörungslawine, die jetzt gerade im ökologischen Bereich am deutlichsten ist, noch vor zehn Jahren hätte man den Akzent auf die atomare Situation gelegt, das ist doch keine Frage der Einstellung, das sind einfach Tatsachen, was Menschen anrichten.

Ich war schachmatt gesetzt und konnte nur noch nach einem individuellen Haltepunkt in dieser Lawine von Untergängen und Zerstörungen fragen.

Das ist die Musik. Ohne Musik kann ich mir mein

Leben gar nicht vorstellen. Gerade in den letzten Jahren bin ich wieder zur Orgelmusik zurückgekommen und bin damit in eine Zeit zurückgegangen, die keine Gegenwart ist. Ich beschäftige mich in erster Linie mit Bach, der für mich unvergleichlich ist, und habe deshalb gar kein Interesse daran, mich musikalisch in der Geschichte weiter vorzukämpfen. Bei Bach bin ich, glaube ich, lebenslänglich gut aufgehoben.

Daraus schöpft sie augenscheinlich die Kraft, nicht müde und nicht bitter zu werden.

Ich plädiere also, schreibt sie in einem ihrer Texte, für diese ganze verrottete Gegenwart. Sie ist unsere einzige Gelegenheit. Sie ist das Leben, das wir haben. Sie und keine andere birgt den Stoff, um unsere Kräfte zu entwickeln.

Letzte heiße Revolution, erste coole Revolte

Niemand wird bezweifeln, dass 1968 etwas bedeutet. Der Songwriter Bob Dylan wurde 2017 mit dem Nobelpreis für Literatur geehrt und ist zur Verleihung nicht erschienen, alle Populisten von rechts auf der Welt bekämpfen einen Komplex von 1968, und in Ostdeutschland begegnen einem immer wieder Leute, die sich darüber echauffieren, dass 1968 in der DDR zu kurz kommt. 1968 ist ein begehrtes Gut, was von den Kritikern und den Feinden der 68er im Negativen nur bestätigt wird.

Aber was haben die Leute im Kopf, wenn sie 1968 verteidigen, bekämpfen, beanspruchen oder sich darüber lustig machen? Was hat der Angriff von Rolf Dieter Brinkmann im Herbst 1968 in der Akademie der Künste Westberlin auf Marcel Reich-Ranicki »Wenn ich jetzt ein Maschinengewehr hätte, würde ich Sie über den Haufen schießen!« mit der Frage nach dem »versäumten Augenblick« bei Adorno zu tun, was die Erwiderung des Angeklagten Fritz Teufel »Wenn's der Wahrheitsfindung dient!« auf die Aufforderung eines Berliner Richters im November 1967, sich vor Gericht zu erheben, mit der großen Demonstration gegen den Vietnamkrieg der US-Amerikaner vom Februar 1968 in Berlin und was Janis Joplins Song »Mercedes Benz« vom Oktober 1970 mit den 1968 wiederentdeckten Solidaritätsliedern von Ernst Busch?

Man muss offenbar verstehen, worin die listigen Frechheiten des zivilen Ungehorsams, die brachialen Ausbrüche der Wirklichkeitsverweigerung, das stellvertretende Leiden an einer versäumten Revolution, die Pop-Aktionen des »Why not?«, die Einforderung von öffentlichem Glück und die esoterischen Windungen des »German Ableitungsmarxismus« zusammenkommen.

Paul Veyne, dem der Pariser Mai 1968 vorschwebte, hat 1983 in einem Interview mit François Ewald den Vorschlag gemacht, 1968 als Ende einer langen und zugleich als Anfang einer womöglich noch längeren Geschichte zu kennzeichnen. Seine Formel lautete: 1968 war das letzte heiße revolutionäre Ereignis und die erste coole Revolte.

Zu Ende gegangen sei die Linie einer voluntaristischen Politik, die auf der Vorstellung eines irgendwie gearteten historischen Subjekts beruht, das gegen Widerstände und durch Konflikte die Herrschaftspositionen in Staat und Gesellschaft erobert. Der Mai 68 sei der letzte Aufruhr von Massen gewesen, die es geschafft hätten, für einen kurzen Moment eine Situation des Bürgerkriegs in Frankreich hervorzurufen. Es ging darum, etwas Großes zu inszenieren, die öffentliche Aufmerksamkeit auf einen Punkt zu konzentrieren und die Entscheidung über eine gesellschaftliche Alternative zu imaginieren. Man darf nicht vergessen, dass sich Charles de Gaulle am 29. Mai 1968 sogar zu einem Blitzbesuch im Hauptquartier der in Deutschland stationierten französischen Truppen in Baden-Baden genötigt sah, um sich der Loyalität des dortigen Oberbefehlshabers, des Generals Jacques Massu, zu versichern. Kolportiert wird die Geschichte, dass der eine General dem anderen riet, nach Paris zurückzukehren und eine Fernsehansprache in Uniform zu halten. Das geschah auch, und die Situation geriet anscheinend wieder unter die Kontrolle der etablierten Ordnung.

68 markiere aber auch den Beginn eines ganz anderen und neuen Verständnisses von Politik. Man starrt nicht auf den Staat und seine Bastionen, sondern man bewegt sich auf dem freien Feld der Gesellschaft und dreht da die Verhältnisse um und bringt dort die Körper in eine andere Bewegung. Kein weltgeschichtlicher Kulminationspunkt wird gesucht, man setzt vielmehr an den vielen Zerstreuungspunkten an, wo sich Leerstellen zeigen und die Leute aneinandergeraten. Es ist nicht cool, immer nur das eine zu wollen. Cool ist vielmehr, die Vielgestaltigkeit der Macht ins Spiel zu bringen, damit die ungeminderte Dauer von Leiden, Angst und Drohung, wo immer sie hervortritt, gebrochen wird. Das geht gerade deshalb, weil das Wort »cool«, wie Veyne zugesteht, alles und nichts besage. Die coole Revolte will nicht die Herrschaft an sich reißen, sondern das Leben ändern.

Diesen Doppelcharakter hat Jean-Luc Godard, der irgendwann keine »politischen Filme« mehr, sondern »politisch Filme machen« wollte, schon 1966 erfasst. Sein Film zur Lage der späteren Generation von 1968 hieß *Masculin – Feminin oder: Die Kinder von Marx und Coca-Cola*.

Für Peter Märthesheimer und Klaus Bregenz hat sich 1968 in den Hinterzimmern von Sachsenhausener Äppelwoi-Lokalen mit Marx-Lektüren unter der Leitung des etwas älteren Oskar Negt vorbereitet. Man las nicht die eher anthropologischen Texte des jungen Marx, sondern *Das Kapital*, später die *Grundrisse*, in denen die Gesetzmäßigkeiten der Erzeugung eines perversen Reichtums in der bürgerlichen Gesellschaft beschrieben wurden. Der konzentriert sich in den Händen einiger weniger und stellt alle anderen ruhig. So eignete man sich das Wissen von einem anderen Möglichkeitsraum der gesellschaftlichen Entwicklung an. In der Welt, aus er sie kamen, gab es anscheinend die Politik als Problem überhaupt nicht, aus der Sicht der Kellerkinder existierte nur das Gerangel um die Aufteilung der Macht. Es gab zwischen den Volksparteien im allgemeinen Gefühl der Nachkriegsbetroffenheit zwar den Streit der Lager, aber keine prinzipiellen ideologischen Auseinandersetzungen. Alle wollten dem Wiederaufbau dienen, aber jede der Parteien behauptete, dass bei den anderen die Halunken säßen.

Mit Marx war für die jungen Leser, es waren weniger Leserinnen, die politische Frage überhaupt erst zu stellen.

Die Idee, die den Kampf um die Macht plötzlich in ein anderes Licht rückte, war die Einsicht, dass Politik eine rationale und zugleich ethische Angelegenheit sein könnte. Marx legte glasklar dar, dass das Volk als Klasse die Geschicke in die Hand nehmen und eine andere Gesellschaft schaffen könnte. Mit diesem grundstürzenden Gedanken konnte man innerlich erhitzt am späten Abend nach Hause gehen und davon träumen, dass die irrationale, von ihren konstitutiven Widersprüchen beherrschte Gesellschaft verschwinden muss, damit sie sich als Ganze ihrer selbst bewusst werden kann.

Für Adelheid Guttmann und Camilla Blisse ging alles von der Musik (des Beats) und von der Bewegung (des Twists) aus. Die lockerten die Bindung an die enge Welt des Wiederaufbaus und der Wiedergutmachung und setzten den Widerstand gegen fürchterliche Normierungen und die Sehnsucht nach einer weiten Welt frei. 1968 hörte man am Radio und sah man beim Tanzen. 1968 hieß vor allem Politik der ersten Person, was besagte, dass man das persönliche Unglück als gesellschaftliches Unrecht bezeichnen und erfahren durfte. Im Ich verdichten sich die Spannungen der bürgerlichen Gesellschaft; im Ich ist zu spüren, warum die Welt, die jetzt das Paradies sein könnte, morgen zur Hölle werden kann; vom Ich kommt man nur los, wenn »Wir« etwas in Gang setzen.

Die beiden Frauen sind weit von der Vorstellung entfernt, dass sich das Schicksal der Menschen in einer einzigen Schlacht entscheiden könnte. 1968 haben sie nicht als soziale Transformation eines ökonomischen Widerspruchs erlebt, sondern als Ausdruck von vielfältigen Bedürfnissen und widersprüchlichen Wünschen, die nie über einen Kamm geschoren werden konnten. Denn genau daraus ergab sich das Schnelle, Wendige und Überschreitende dieses plötzlichen Prozesses. Die Revolution ist die Vollendung einer radikalen Reflexion, die Revolte das Durchstarten von Leuten, die nicht wissen, was sie wollen und wer sie sind.

Doch wie kam man mit einem Mal darauf, die Revolution zu denken und die Revolte zu wollen?

1964 hatte der Kritiker Hans Egon Holthusen, der als junger Mann der SS-Standarte Julius Schreck beigetreten war, im Vorwort zur Taschenbuchausgabe seines 1951 erschienenen Klassikers der fünfziger Jahre mit dem Titel *Der unbehauste Mensch* notiert:

> Statt »Existenz« sagt man heute »Gesellschaft«, statt Benn oder Eliot sagt man Brecht, statt Jaspers – Adorno oder Bloch. Begriffe, die um 1950 unter historischen Spinnweben kaum noch zu erkennen waren (»Aufklärung« zum Beispiel), werden als blitzblanke Neuheiten vertrieben. Alles Soziologische ist Trumpf, *Marx* wieder ein Problem von großer Dringlichkeit, dialektisches Denken fast eine conditio sine qua non. Die Idee des Nichts hat an Faszinationskraft ganz er-

heblich verloren, auch Antifaschismus scheint etwas anderes zu bedeuten als vor fünfzehn Jahren, und was man einst – mit einer nicht übermäßig glücklichen Formel – die »innere Emigration« genannt hat, ist zum Gespött geworden im Munde der Nachgeborenen.

Holthusen nimmt hier vorweg, was Camilla Blisse später sagen wird: Mit dem Begriff der Gesellschaft veränderte sich die Welt. Die Welt der Existenz, des Mitleidens am Nichts und der stummen Teilhabe wird ersetzt durch die Welt der Gesellschaft, des dialektischen Denkens und der endlosen Küchengespräche. An die Stelle des Gleichgültigen und der Anschmiegsamen, wie man sie aus Antonionis *La Notte*, gespielt von Marcello Mastroianni und Jeanne Moreau, aus dem Jahre 1961 kennt, treten der Engagierte und die Emanzipierte, so wie sie Godard mit Jean Seberg und Jean-Paul Belmondo bereits 1960 in *Außer Atem* vorweggenommen hat.

Man kann diesen Sprung von der »Existenz« zur »Gesellschaft« nicht wichtig genug nehmen. Zum Rückzug auf die »Existenz« gehörte in den fünfziger Jahren das »kommunikative Beschweigen«, so ein Ausdruck von Herrmann Lübbe, von Vergangenheiten, die nichts Gutes beinhalteten, und das abgrundtiefe Misstrauen gegenüber den schmutzigen Geschäften der Politik. Die Männer verzogen sich in den Hobbykeller und die Frauen blätterten in der *Constanze*. Wer vom Allgemeinen spricht, lügt sich in die Tasche, und wer Aufklärung fordert, will sich nur selbst reinwaschen. Mit der Entdeckung der »Gesellschaft« konnten die Jungen diese Wand der Alten überwinden. Klaus Bregenz konnte die Fragen, mit denen er bei seinem Vater auf Granit gestoßen wäre, einem anderen stellen, und Adelheid Guttmann konnte sich, wenn ihre Mutter wieder mit Königsberg anfing, die Ohren zuhalten.

Die Gesellschaft ist dabei ein merkwürdiges Ding. Sie ist der Grund von Unheil und Unglück und zugleich der Schauplatz von Ausbruch und Aufbruch. An der Gesellschaft leidet man unendlich, und von ihr verspricht man sich andererseits die Aufhebung des Elends und die Überwindung der Ausbeutung. Durchdrungen vom Begriff der Gesellschaft, konnten sich die Kriegskinder schwermütig dem Bewusstsein der Festgesetztheit und Verkehrtheit hingeben und zugleich an der Möglichkeit des Besseren festhalten und sich im Wunsch nach Befreiung erheben. Denn die Gesellschaft bringt einen als vereinzelten Einzelnen hervor und treibt einen als Gruppenmensch über sich selbst hinaus.

Über dieses rätselhafte Eigenleben der Gesellschaft konnte man sich in heiligen Büchern informieren. In Adornos *Minima Moralia* zum Beispiel, das man als Brevier des Überlebens in Zeiten des Erfahrungshungers mit sich tragen konnte, oder in Lukács' *Geschichte und Klassenbewusstsein*, in dem einem erklärt wurde, dass der Umschlag von der »Klasse an sich« zur »Klasse für sich« eine Frage der Praxis und der Organisation ist.

Und wer nicht lesen wollte, konnte es fühlen. Jeder Song, den man auf AFN, im *Popshop* im Südwesten, in *S-F-Beat* in Berlin oder in *Pop Sunday* in Bayern hören konnte, versprach eine geheime Gesellschaft zwischen denen, die gerade mithörten. So unterschiedliche Stimmen wie die von Johnny Cash, Mick Jagger, Joan Baez, Lou Reed oder eben Bob Dylan vermittelten einem, dass die Welt anders wird, weil wir überall auf dem Globus unsere Stimme erheben.

Man hatte die Wahl zwischen Schwermut und Hochgefühl und musste sich doch eingestehen, dass dies nur zwei Seiten einer Verkehrtheit des Ganzen darstellten. Im zehn Jahre später verfassten Postskriptum zu seiner berühmten Abhandlung »Zum Verhältnis von Soziologie und Psychologie« von 1955 stellt Adorno fest, dass diese Wahl eigentlich nicht besteht. Die fortschreitende Auflösung des Individuums führe nämlich schließlich in den Zustand einer heraufdämmernden Identität von Individuum und Gesellschaft, nicht allerdings als eine Versöhnung des Allgemeinen und Besonderen, sondern in der Form einer Verabsolutierung des Allgemeinen, in dem das Besondere verschwinde.

Irgendwann ist der Faden gerissen

Für Peter Gente war sein Vater eine ziemliche Pflaume. Al Gente war eine der legendären Figuren der achtziger Jahre in Berlin. Mit dem Merve Verlag hat er das Denken von 68 aus der selbst gestellten Falle geführt.

Er bot mir als Sitzgelegenheit einen Einkaufswagen an. Später habe ich erfahren, dass es sich bei dem Sitzmöbel wie aus Mark Ravenhills Stück *Shoppen & Ficken* um den Consumer's Rest Lounge Chair des Berliner Designers Stiletto handelte. Wir haben an diesem Abend in der Fabriketage in der Berliner Crellestraße und danach in einer Kneipe, die ich noch von früher kannte, acht Stunden miteinander verbracht. Heidi Paris, mit der er den Verlag in existentieller Lebenspartnerschaft die längste Zeit geführt hat, habe ich erst später kennengelernt, als ich 2001 bei ihnen den Band *Generation Berlin* veröffentlicht habe.

Heidi, wir haben uns in der Verlagsfamilie geduzt, hat sich 2012 in Berlin das Leben genommen, und Peter ist 2014 in Chiang Mai, Thailand gestorben. Jetzt noch höre ich seine sonore Stimme, die frei aller Psychologie nach Geschichte klingt.

So Ödipus und solche Geschichten, Vaterprotest und Schuldgespräche, waren nicht. Der war eine ziemliche Pflaume und ein ziemlicher Mitläufer, das ist mir irgendwann klar geworden, und ich konnte, obwohl er Jurist und Richter war, kein intellektuelles Gespräch mit ihm führen.

Peter Gente hatte meine Frage nach dem Vater mit schneller Schmerzlosigkeit erledigt. Ödipus ist für ihn eine Farce, kein Drama. Die ödipale Rebellion gegen einen, der genauso schuldig wie unschuldig ist, lohnt sich einfach nicht. Er sei ein Spätentwickler gewesen, unzufrieden mit sich, das schwarze Schaf in der Familie, das nichts zustande bringt. Er habe früh geheiratet, sei bald Vater geworden, und es habe eine Weile gedauert, bis er Zutrauen zu seinen Interessen und Ideen gefasst habe. In dieser Zeit, fünf oder zehn Jahre, kein Kontakt mit dem Elternhaus. Das hing auch damit zusammen, dass ich so 1959 oder 1960 angefangen habe, Adorno zu lesen.

Wieder taucht Adorno als Begleiter eines Kriegskinds durch die Hölle auf. Was könnte der junge Peter Gente von ihm gelesen haben? Ende der fünfziger Jahre war der Remigrant aus Frankfurt nur einer Schar von Eingeweihten bekannt. 1959 war in der Zeitschrift *Der Monat* seine Abhandlung »Theorie der Halbbildung« erschienen, in der steht, was Bildung sein könnte, wenn sie nicht der Markierung von sozialen Unterschieden und nicht der Anpassung an die Funktionen dient, sondern die Möglichkeit eines in sich stimmigen Lebens, das ins Urteil mündet, offenhält. Mit dem Begriff der Halbbildung erfasste Adorno ein Klima des gereizten Besserwissens, der wahnhaften Kurzschlüsse, des verhärteten Stolzes auf Überlastung, der gestanzten Meinungen und der blöden Verzauberung durchs Authentische. So stellte sich für ihn die Allgegenwart des entfremdeten Geistes dar. Man kann sich vorstellen, wie der Zwanzigjährige diesen Text als Entzifferung einer Welt las, in der die meisten alles andere als ein wahres Leben führen wollten.

Und als er dann zu Hause seine Lesefrüchte vorsichtig zur Sprache bringen wollte, kam als Reaktion sofort jüdische Zersetzung. So richtig alte antisemitische Affekte, aus verschiedenen Ecken, sodass ich keine Lust mehr hatte. Handfest war der Antisemitismus nur bei meiner Mutter, die aus einer sehr antisemitischen Familie kam und die sofort den Juden bei dem Adorno erkannte.

Weil die Sache klar war, wollte Peter Gente mehr dazu nicht sagen. Es herrschte eine große Spannung zwischen ihm und seinen Eltern, und er hat von ihnen abgelassen und sich von anderen leiten lassen. Lukács, Bloch, Benjamin, Szondi, alles jüdische Emigranten, das haben die, lachte er, schon richtig gesehen.

Jetzt interessieren ihn mehr denktechnische Fragen, so wie ich sie in meinem Buch über die Flakhelfer-Generation mit dem Vergleich zwischen Habermas und Luhmann angeschnitten habe, als ich für das Denken von 1945 einen Stil der Unterbrechung von einem des Weitermachens unterschieden habe. Damit könne man eine Liste von Autoren anlegen und überlegen, was für das eigene Denken besser sei: ob man in Bezug auf ein gesellschaftliches Großereignis mit schreckhafter Unterbrechung oder mit unberührtem Weitermachen auf einen brauchbaren Gedanken komme.

Mit den Veteranen seiner eigenen Generation, die, wie im Herbst 1986, Kongresse mit langen Titeln wie »Prima Klima! Wider den Zeitgeist – Erste gnadenlose Generaldebatte zur endgültigen Klärung aller unzeitgemäßen Fragen« veranstalten, könne er gar nichts anfangen. Die haben, sagen wir, seit 70, 72 überhaupt nichts mehr zur Kenntnis genommen, die haben überhaupt nicht mehr gelesen, nicht mehr diskutiert, die haben sich in dem, was sie dachten, noch eine Weile bestätigt gefühlt, sich in Verteidigungspositionen eingeigelt, irgendwie gegen den Zeitgeist, gegen Faschismus, gegen die Wende und wie auch immer sie das nennen.

Demnach war für ihn Anfang der siebziger Jahre 1968 vorbei. Jedenfalls wenn man einen emphatischen Begriff davon hat, der sich auf die Praktiken des Lesens und des Diskutierens konzentriert. Da ist keine Bewegung mehr drin. Die Verwalter des Erbes von 1968 merken offenbar gar nicht, dass sie sich in ihrem Dagegensein im Kreis drehen. Das sei öde, nickte ich ihm zu.

Ich musste ihn jedoch genau nehmen. Er warf seinen Altersgenossen nicht vor, dass sie nicht mehr schrieben, sondern dass sie nichts mehr lasen. War 1968 für ihn in erster Linie ein Leseerlebnis? Lesen allerdings nicht als individuelle Versenkung in einen wahrhaftigen Text, sondern als gemeinschaftliches Diskutieren über Texte, die einen dazu animieren, Ordnungen herzustellen, Verbindungen zu ziehen und mit Lebensweisen zu experimentieren. Richtiges Lesen ist keine bloß aufnehmende, sondern eine weiterführende Tätigkeit. Wohin sie führt, weiß man nicht.

Der Verlag existiert seit 1970. Am Anfang stand wie bei vielen Projekten jener Jahre ein Kollektiv, das sich zum Ziel gesetzt hatte, den durch die Studentenbewegung erreichten Diskussionsstand in der Neuen Linken zu erhalten und durch die Publikation französischer, italienischer, tschechischer und US-amerikanischer Beiträge weiterzuentwickeln. Der Verlagsname geht auf Peter Gentes erste Frau Merve Lowien zurück, die mit am Start war und 1977 im Verlag unter dem Titel *Weibliche Produktivkraft. Gibt es eine andere Ökonomie? Erfahrungen in einem linken Projekt* ein Buch über die erste studentenbewegte Phase des Projekts veröffentlicht hat. Es sollte nicht um die Vorstellung großer Werke, sondern um die Zirkulation kleiner Schriften gehen, die ganz spezifische, an bestimmte Orte und Kämpfe gebundene Erfahrungen und ganz eigene, an bestimmten Ecken und Enden entwickelte Gedanken zur Diskussion stellten. So brachte man eine Reihe aktueller Beiträge zum »westlichen Marxismus« heraus, die man in der Zeit der »neuen sozialen Bewegungen« für Frauen, gegen Brokdorf und angesichts des »Endes der Massenproduktion« gelesen haben musste. Auf Anhieb finde ich bei mir Althussers *Freud und Lacan* aus dem ersten Jahr der Verlagsgründung, von Mariarosa Dalla Costa und Selma James *Die Macht der Frauen und der Umsturz der Gesellschaft* von 1973 und von Il Manifesto *Terrorismus der Starken und der Schwachen* von 1972.

Die schlecht geleimten Bücher mit der Raute waren vorwortlose Broschüren, die wegen ihres geringen Umfangs und ihres handlichen Formats eine spontane und schnelle Lektüre erlaubten. Das arme Design war Programm, und als Zielgruppe kam die Anhängerschaft der undogmatischen Neuen Linken in Frage. Das war ein relativ großer, aber sehr verstreuter Markt. In der zweiten Hälfte der bleiernen siebziger Jahre wurden die Veröffentlichungen von Merve sowohl in Starnberg (im dortigen Max-Planck-Institut zur Erforschung der Lebensbedingungen der wissenschaftlich-technischen Welt) als auch in Stammheim (im Gefängnis mit den Leuten von der RAF) zur Kenntnis genommen.

Doch irgendwann ist der Faden gerissen. Das war eine in jeder Hinsicht aufwühlende Angelegenheit. Den Anfang des Projekts muss man sich wie eine Mischung aus Kommune, Betriebskollektiv und Lesezirkel vorstellen. Man war nur nicht in die Toskana gegangen, um Käse, sondern in Berlin geblieben, um Bücher zu machen. Sie bildeten eine Gruppe von fünf Amateuren – drei Männer und zwei Frauen. Keiner war Lektor, Grafikerin oder Vertreiber geschweige denn Typograf oder Herstellerin. Allein Peter Gente verfügte als Herausgeber von Werken Stalins sowie eines Bandes von Dokumenten aus der Sexpol-Bewegung über einschlägige Erfahrung. Der Dilettantismus schweißte zuerst zusammen, riss sie aber dann auch nach allen Seiten auseinander. Da seien eine ganze Menge individueller Entwicklungen gelaufen, die mit dem Auflösen von Beziehungen, mit Distanzierungen vom Projekt und mit der Dissoziation der Gruppe verbunden waren. Den großen Verwirrungen und den extremen Erfahrungen haben sich die Beteiligten, so seine etwas euphemistisch klingende Formulierung, nicht versperrt. Dadurch seien natürlich andere Wahrnehmungen und Prozesse in Gang gekommen, die sich auch in neuen Lektüren niedergeschlagen haben. Laing, Cooper, Foucault, die Themen »Beziehung«, »Wahnsinn« und »Sexualität« haben wir ganz intensiv diskutiert, und daraus hat sich eben eine andere Beziehung ergeben. Eine Zweierbeziehung, wo ich als einziger von der alten Truppe weitergemacht habe.

Das war die Beziehung von Heidi Paris und Peter Gente. Heidi, die als Jahrgang 1950 nicht mehr zu den 68ern zu zählen ist, hatte zusammen mit Eva Meyer Luce Irigarays Essay *Waren, Körper, Sprache. Der ver-rückte Diskurs der Frauen* übersetzt, der 1976 noch unter dem Label *Merve Internationale Marxistische Diskussion* erschienen war. Sie hatte mit Adorno nichts am Hut, sondern gleich mit dem »Franzosengemurmel«, wie der 1954er Rainald Goetz dieses neue Denken aus Frankreich in popkultureller Abschätzigkeit genannt hat, angefangen.

Und das hat dann dazu geführt, dass dieser vorgegebene Sinnhorizont von teleologischer Geschichtsphilosophie und befreiter Gesellschaft auf einmal ziemlich inhaltsleer geworden ist, und das ist parallel gelaufen mit dem Auftreten des Punk, der ist bei uns voll zum Zuge gekommen, sodass wir um 1975 herum den Marxismus aufgegeben haben. Das war für uns einfach eine Dezision, eine Entscheidung, Hegel, Marx, Freud, dafür interessieren wir uns nicht mehr, uns interessiert die Gegenwart.

Der Punk brachte den Riss auf den Punkt. »No Future!« war weder als geschichtsphilosophische Trauer noch als gesellschaftspolitische Anklage gemeint. Es ging um die Behauptung einer Gegenwart, in der sich die Frage des Daseins stellt. The Clash, The Ramones oder die Sex Pistols klangen gemessen an den Beatles oder den Rolling Stones wie wüste Barbaren, die einfache Akkorde wiederholten, die sich nie auflösten. Im SO36 in der Oranienstraße tanzte man dazu mit kurzem und heftigem Körperkontakt Pogo und trank, bis die Nacht am tiefsten und der Tag am nächsten war. Wenn im Morgengrauen in der Adalbertstraße der Blick auf die Mauer am Ende der Sackgasse fiel, erschien die Dialektik, nach der immer und überall der Widerspruch die Dinge nach vorne bringt, mit einem Mal als eine Neurose des Geistes. Michel Foucault hatte schon 1969 im *Nouvel Observateur* geschrieben: »Der berühmte Faden, der so fest sein sollte, ist gerissen; Ariadne steht verlassen da. Die ganze Geschichte des abendländischen Denkens muss neu geschrieben werden.« Und er forderte ein Denken ohne Widerspruch, ohne Dialektik, ohne Verneinung.

Ich habe das alles als große Befreiung erfahren. Fast so wie bei Nietzsche, wie der den Stein am See von Silvaplana beschreibt, die Entdeckung der ewigen Wiederkehr. Ich habe gemerkt, dass ich mit dem Wegfall des Sinn-Apriori viel mehr Spaß am Denken und am Lesen hatte. Ich stand nicht mehr unter diesen Zwängen, nicht mehr unter dieser Schuld, nicht mehr unter dem Druck der ewigen Selbstrechtfertigungen. Also der Sinn bestand sozusagen darin, dass es keinen Sinn gibt.

Nietzsche sollte also der Gewährsmann des Neuen Denkens sein. Es wirkt natürlich einigermaßen übertrieben, wie hier Peter Gente die Trennung von seiner ersten Frau und die Bindung an eine neue und die damit einhergehende Veränderung der Geschäftsgrundlage des kleinen Verlags in Begriffen eines denkgeschichtlichen Weltereignisses deutet. Aber so ist der Leser. Er findet für seine persönliche Situation Resonanz in den Schriften, die für ihn die Welt bedeuten.

Nietzsche ist im August des Jahres 1881 nach eigenem Bekunden am See von Silvaplana der Gedanke der ewigen Wiederkehr als »höchste Formel der Bejahung« aufgegangen. Damit wird der teleologische Zwang der Geschichtsphilosophie durchbrochen, demzufolge die Gegenwart nur negativ als einstige Zukunft oder als kommende Vergangenheit denkbar ist. Der Gedanke der ewigen Wiederkehr dagegen emanzipiert die Gegenwart von der Geschichte. Wenn jedes Vorher ein Nachher und jedes Nachher ein Vorher ist, dann ist jeder Augenblick ein Anfang.

Nietzsches Philosophie kommentierte offenbar das Erlebnis des Punk. Es ging um ein Begreifen der Gegenwart, die ihre Bestimmung weder aus einer Vergangenheit noch in einer Zukunft, sondern bloß in sich selbst hatte. Wenn sich Fuck-you-Typen eine Gitarre umhängen und eine Band aufmachen, dann kann auch ich loslegen. Sinn macht keinen Sinn, man macht lieber, zu was man Lust hat, und probiert, was gar nicht geht. Heiner Müller diktierte dazu: »Berlin ist das Letzte. Der Rest ist Vorgeschichte. Sollte Geschichte stattfinden, wird Berlin der Anfang sein.«

Das war natürlich auf der einen Seite, sagen wir biografisch, ein Bruch, aber theoretisch war das eine etwas andere Geschichte. Es war einfach so, wir waren in einer gewissen Sprachlosigkeit, und uns hat die Lektüre von Foucault, Derrida meinetwegen, die ist 74, 75 gelaufen, die hat uns so ziemlich auf Grund gesetzt.

»Auf Grund gesetzt« ist eine Formulierung, die eine existentielle Dimension andeutet. Wie konnte jemand, der doch eine gewisse Zeit glauben konnte, dass für ihn und seine Generation die Geschichte auf ihrer Seite war, den Vorstellungen von Emanzipation, von Kollaboration und von Befreiung abschwören?

Was bei mir absolut etwas umgepolt hat, war der eine Text von Derrida über Bataille und den Hegelianismus aus *Die Schrift und die Differenz,* in dem er über den Tod und das Lachen bei Hegel spricht. Den haben sie wie den *Anti-Ödipus* von Deleuze und Guattari in Arbeitsgruppen zusammen gelesen. Darin stehen solche Sätze wie »Sich dem schlichten und einfachen Tode zu stellen, heißt also den absoluten Verlust des Sinns zu wagen«. Peter Gente hat das offenbar so verstanden, dass die ganze Misere des dialektischen, emanzipatorischen und progressiven Denkens daher rührt, dass der Philosoph der Dialektik vor der Todeserfahrung zurückschreckt. Dieser Erfahrung haben sie sich im Lektürekreis um den Verlag aber stellen und ein irgendwie positives Verhältnis dazu gewinnen wollen. Das sei mit Selbstmordspielereien schon grenzwertig gewesen, aber gleichzeitig hätten sie sich sehr frei gefühlt und sehr viel gelacht. So haben sich die Argumente gegen Hegel und gegen den Ernst entwickelt.

Ich war überrascht über so viel antihumanistischen Existentialismus und konnte mir die Frage nicht verkneifen, ob er selbst denn keine Angst vor dem Tod habe.

Überhaupt nicht, antwortete er sehr leise und sehr bestimmt. Im Gegenteil, ich habe manchmal sogar eine Sehnsucht nach dem Tod. Für mich ist Leben immer auch gleichzeitig Sterben. Der Tod ist Teil einer Verausgabung, eines Nach-außen-Gehens, eines Geräusch-Machens, wovon die beamteten Denker und Denkerinnen des linken »just-milieus« mit ihrer Unfähigkeit zu lachen keine Ahnung haben.

Das Ergebnis dieser Entscheidung, die eigene Wahrheit in der gemeinsamen Verwirrung zu suchen, war die Umstellung des Verlagsprogramms von der *Merve Internationalen Marxistischen Diskussion* zum *Internationalen Merve Diskurs*. 1968 war getilgt, die achtziger Jahre konnten mit Helmut Kohl und dem Poststrukturalismus beginnen.

Peter Gente ist Jahrgang 1938 und stammt aus Halberstadt. Als Siebenjähriger erlebte er am 8. April 1945 die weitgehende Zerstörung der Stadt durch einen Bombenangriff der Royal Air Force. Halberstadt liegt auf der Linie zwischen London und Berlin und war deshalb schon vorher Ziel von Bombardements gewesen. Fast jede Nacht, erzählte Peter Gente, sei Alarm gewesen. Sein fünf Jahre älterer Bruder und er mussten dann der Mutter helfen, die gelähmte Großmutter in den Luftschutzkeller zu schaffen. Schon einige Male war in der Nähe eine Sprengbombe eingeschlagen. Aber an diesem Sonntagvormittag wollte der Angriff nicht aufhören. Das seien Bilder seiner Kindheit: Alle liegen auf der Erde und horchen, es rieselt der Kalk, und die Kellerfenster fallen aus dem Rahmen. Man kann sich vorstellen, wie die beiden Jungen bei der Mutter unterkriechen.

Als alles vorbei war, sind sie mit dem Handwagen durch die brennende Stadt gezogen und wussten nicht, ob sie noch was zu essen bekommen oder überhaupt noch leben konnten, weil ringsherum alles zerstört war. Nur das Haus der Familie blieb wie durch ein Wunder erhalten.

Peter Gente wies mich in unserem Gespräch auf die Darstellung dieses Sonntagmorgens von Alexander Kluge hin, der ihn wie er erlebt habe. Die ist unter der Überschrift *Der Luftangriff auf Halberstadt am 8. April 1945* als Heft 2 in dessen *Neuen Geschichten* von 1977 erschienen. Diese Geschichten tragen den Untertitel »Unheimlichkeit der Zeit«. Dort heißt es an einer Stelle:

> Bleibt hier liegen, sagte Gerda zu den Kindern. Sie überquerte den Hof: kein Himmel, schwarzer Rauch, Dröhnen, das sich entfernte. Da war vorhin Sonne und Bläue gewesen.
>
> »Und schöne, weiße Wolken ziehn dahin, / mir ist, als ob ich längst gestorben bin ...«

Der Vater wurde 1939 eingezogen und kam 1951 aus russischer Kriegsgefangenschaft nach Hause zurück. Der Sohn war also dreizehn Jahre alt, als er seinen Vater zum ersten Mal bewusst sah. Der Jurist war mehr aus Karrieregründen als aus Überzeugung der Nationalsozialistischen Partei beigetreten, bekam aus diesem Grund jedoch in der

DDR keine statusgemäße Anstellung und ließ sich deshalb, wie der Sohn mutmaßte, vom amerikanischen Geheimdienst anwerben. Ein Spion zwar, aber kein spektakulärer. 1953, kurz nach Stalins Tod, setzte sich die Familie bei Nacht und Nebel in den Westen ab, und seitdem lebte Peter Gente in Berlin.

Er beschrieb sich selbst als ein nicht besonders aufgewecktes Kind und als einen reichlich verklemmten Jugendlichen. Insofern hat er die unmittelbare Nachkriegszeit nicht wie bei anderen seines Alters als eine Zeit der Ungezwungenheit und Widerspenstigkeit, sondern als eine Zeit der Bedrücktheit und Verschlossenheit erlebt. Der Knoten platzte erst nach der Übersiedlung in den Westen. Der Heranwachsende entdeckte das Kino, das Theater, die Oper – die ganze Palette des kulturellen Angebots – und schließlich mit siebzehn, achtzehn Jahren, ganz spät, wie Peter Gente meinte, das Lesen für sich. Wahllos las er, was ihm in die Hände fiel, Shaw, Galsworthy, John Steinbeck, immer den ganzen Autor, daneben auch einige Feuilletonisten der fünfziger Jahre wie Friedrich Sieburg.

Auffällig ist die Konventionalität seiner ersten Kulturinteressen. Kein Sartre, keine Juliette Gréco, kein James Dean, kein Rock 'n' Roll, keine *Dreigroschenoper*, aber auch keine leichte Unterhaltung im flotten Schwung.

Durch irgendeinen Zufall sei er an den Adorno geraten, und dann habe er den nicht mehr losgelassen. Er

Als alles vorbei war, sind sie mit dem Handwagen durch die brennende Stadt gezogen und wussten nicht, ob sie noch was zu essen bekommen oder überhaupt noch leben konnten, weil ringsherum alles zerstört war. Nur das Haus der Familie blieb wie durch ein Wunder erhalten.

Peter Gente wies mich in unserem Gespräch auf die Darstellung dieses Sonntagmorgens von Alexander Kluge hin, der ihn wie er erlebt habe. Die ist unter der Überschrift *Der Luftangriff auf Halberstadt am 8. April 1945* als Heft 2 in dessen *Neuen Geschichten* von 1977 erschienen. Diese Geschichten tragen den Untertitel »Unheimlichkeit der Zeit«. Dort heißt es an einer Stelle:

Bleibt hier liegen, sagte Gerda zu den Kindern. Sie überquerte den Hof: kein Himmel, schwarzer Rauch, Dröhnen, das sich entfernte. Da war vorhin Sonne und Bläue gewesen.

»Und schöne, weiße Wolken ziehn dahin, / mir ist, als ob ich längst gestorben bin ...«

Der Vater wurde 1939 eingezogen und kam 1951 aus russischer Kriegsgefangenschaft nach Hause zurück. Der Sohn war also dreizehn Jahre alt, als er seinen Vater zum ersten Mal bewusst sah. Der Jurist war mehr aus Karrieregründen als aus Überzeugung der Nationalsozialistischen Partei beigetreten, bekam aus diesem Grund jedoch in der

DDR keine statusgemäße Anstellung und ließ sich deshalb, wie der Sohn mutmaßte, vom amerikanischen Geheimdienst anwerben. Ein Spion zwar, aber kein spektakulärer. 1953, kurz nach Stalins Tod, setzte sich die Familie bei Nacht und Nebel in den Westen ab, und seitdem lebte Peter Gente in Berlin.

Er beschrieb sich selbst als ein nicht besonders aufgewecktes Kind und als einen reichlich verklemmten Jugendlichen. Insofern hat er die unmittelbare Nachkriegszeit nicht wie bei anderen seines Alters als eine Zeit der Ungezwungenheit und Widerspenstigkeit, sondern als eine Zeit der Bedrücktheit und Verschlossenheit erlebt. Der Knoten platzte erst nach der Übersiedlung in den Westen. Der Heranwachsende entdeckte das Kino, das Theater, die Oper – die ganze Palette des kulturellen Angebots – und schließlich mit siebzehn, achtzehn Jahren, ganz spät, wie Peter Gente meinte, das Lesen für sich. Wahllos las er, was ihm in die Hände fiel, Shaw, Galsworthy, John Steinbeck, immer den ganzen Autor, daneben auch einige Feuilletonisten der fünfziger Jahre wie Friedrich Sieburg.

Auffällig ist die Konventionalität seiner ersten Kulturinteressen. Kein Sartre, keine Juliette Gréco, kein James Dean, kein Rock 'n' Roll, keine *Dreigroschenoper*, aber auch keine leichte Unterhaltung im flotten Schwung.

Durch irgendeinen Zufall sei er an den Adorno geraten, und dann habe er den nicht mehr losgelassen. Er habe den Adorno bald zehn Jahre, jedes Wort, gelesen. Sie seien ein paar Leute gewesen, mit denen man in Übereinstimmung war, die sich gegenseitig informiert haben, jetzt wieder im *Neuen Forum* ein Artikel oder in der *Neuen Rundschau*, dann sei er zu Schöller in die Knesebeckstraße geflitzt und habe sich das gekauft. So haben sie sich nach und nach sämtliche Schriften, insbesondere die ganz kleinen Zeitschriftenaufsätze, sofort nach Publikation besorgt.

Ich bin völlig unvorbereitet, ohne Hegel und Marx, von Tuten und Blasen keine Ahnung, auf den Adorno gestoßen. Das war so ähnlich, wie ich später auf den Foucault und den Deleuze gestoßen bin. Ich wusste nicht, wo das herkommt und was das ist. Es hat mich nur unter ganz bestimmten Hinsichten interessiert, in Erfahrungen bestätigt, und ich habe mich darauf eingelassen. Einlassen heißt auf der anderen Seite loskoppeln. Man stand allein in der Wüste mit irgend so einer Theorie, die einem unklar war, und irgend so einem Autor, den man nicht verstand. Und überall, wo man hinkam, lachten die Leute und hielten einen für einen Idioten und einen Spinner. Diese Situation, die war 59, 60 ähnlich so wie 74, 75.

Adelheid Guttmann hätte diese Offenheit für einen fremden Gedanken, der einen jedoch ungeheuer anzieht, vielleicht als Ausdruck einer Sehnsucht nach Welt verstanden. Bei Peter Gente klingt das nur weniger erlebnisorientiert und gruppenbezogen und mehr bildungshungrig und selbstbezogen. Es geht um eine Erschließungssituation, die einen auf Grund setzt und dadurch andere Möglichkeiten für ein eigenes Leben eröffnet.

Adorno war wie für so viele geistes- und sozialwissenschaftliche Studenten seiner Generation insofern ein intellektuelles Vorbild, als man mit ihm die unerfreuliche Mischung aus abendlandmäßiger Schwülstigkeit und positivistischer Fachidiotie, die einem normalerweise auf den Universitäten angeboten wurde, hinter sich lassen konnte. Außerdem war er für viele der Einzige, der die halbbewussten Wahrnehmungen des Völkermords, so wie sie in der Erinnerung der Kriegskinder versiegelt waren, zur Sprache bringen konnte. Er habe das, fügt Peter Gente hinzu, in Halberstadt selbst erlebt, da war ein KZ in der Nähe, Höhlen, in denen Flugzeuge gebaut wurden. Und ich habe Häftlinge im Krieg den Schutt abräumen sehen, ich wusste schon, was für Sachen passiert sind, aus eigener Anschauung, ohne dass ich mit irgendjemand darüber reden konnte. Für Peter Gente steckte das alles in Adorno drin und noch viel mehr.

Für mich waren die *Minima Moralia* so eine Art von Lebenskunst. Ich habe die bestimmt fünf Jahre mit mir rumgeschleppt. Jeden Tag, immer bei mir. Das war für mich ein richtiges Vademecum, ein traditionelles Taschenbuch, so drei, vier, fünf Seiten habe ich immer drin gelesen.

Die traurige Wissenschaft, aus der ich meinem Freunde einiges darbiete, bezieht sich auf einen Bereich, der für undenkliche Zeiten als der eigentliche der Philosophie galt, seit deren Verwandlung in Methode aber der intellektuellen Nichtachtung, der sententiösen Willkür und am Ende der Vergessenheit verfiel: die Lehre vom richtigen Leben.

So lautet der erste Satz von Adornos aphoristischen *Reflexionen aus dem beschädigten Leben*, wie der Untertitel seiner *Minima Moralia* lautet, die zwischen 1941 und 1944 entstanden und 1951 zuerst erschienen sind.

Mit Adorno unterm Arm kam er zum SDS, zum Sozialistischen Deutschen Studentenbund. Da waren welche, die auch in seiner Richtung unterwegs waren. Die Größe des Vereins dürfe man aber nicht überschätzen. Das waren in Berlin vielleicht fünfzig Leute, und von denen kamen ungefähr fünf als Gesprächspartner für ihn in Frage. Aber es kann kein Zweifel bestehen, dass Peter Gente zur Spitze der Bewegung gehörte. Vom Attentat auf Rudi Dutschke hat er durch einen Anruf erfahren, hat sich sofort zum Ort des Geschehens begeben, und da haben wir ad hoc eine Demonstration hingelegt und haben auf dem Weg Steine geschmissen und so weiter.

Man habe damals fast so eine Art Revolutionserwartung gehabt. Das Gefühl, die Bewegung geht immer weiter, und dann kommt plötzlich die Revolution. Was das bedeutete, wusste niemand. Wir waren in so einer Wahnsinnseuphorie. Ich war mit Adorno aufs Bilder- und Utopieverbot festgelegt, keine Vorstellung, was dann sein würde, und sonst hatte ich nur ein konkretistisches Aktionsprogramm für mich selber anzubieten.

Adornos Melancholie konnte also durchaus in die Euphorie führen. Die verband nämlich die fünfzig Leute in Berlin mit einer weltweiten Bewegung, die sich die Veränderung der Gesellschaft auf die Fahnen geschrieben hatte. Und zwar eine Veränderung, die an die Wurzeln gehen sollte, ohne dass man auch nur die geringste Vorstellung davon hatte, wie diese neue Gesellschaft aussehen könnte.

Das sei damals die Situation gewesen. Erst der Tod von Che Guevara im Oktober 1967, das war schon ein Hammerschlag, wo man dem Heulen nahe war, dann der Anschlag auf Rudi Dutschke, wo man dachte, dass der noch gerettet wird und dass die Sache weitergeht, dann der Mai in Paris, der war vier Wochen danach, und dann sind die Russen mit dem Warschauer Pakt in die ČSSR einmarschiert. In dem Moment wusste ich, das ist jetzt vorbei. Der Gegner kriegt Wasser auf die Mühlen, und die Sache ist gelaufen. Was überall versucht wurde, das ist nicht mehr möglich.

Ich bin auch ganz froh, dass das nix geworden ist. Wenn ich mir vorstellen sollte, Semler und diese ganzen Figuren, Horlemann, die kommunistische Parteien gegründet haben und so, als Minister, dann wäre ich, dann wären wir als Erste ins Gefängnis gewandert.

Wie ist Peter Gente da rausgekommen? Die ganze SDS-Generation, erklärte er mir, sei damals sehr stark über ästhetische Erfahrungen gekommen und habe versucht, diese politisch ins Werk zu setzen. Er dachte dabei vermutlich an so jemanden wie Karl Markus Michel, der im *Kursbuch Nr. 15* vom November 1968 den ästhetischen Mehrwert der neuen Protest- und Demonstrationsformen beschworen hatte, die ihre psychische und soziale Motivierung ebenso transzendiert hätten wie ihre zumeist doch ziemlich naive rationale Begründung. Wenn gegen den Mai 68 gesagt würde, das sei doch nur ein revolutionärer Karneval gewesen, dann beweise das nur, dass ein lebensfeindliches Denken nicht dulden kann, dass die Revolution ein Fest und die Auflehnung gegen Autoritäten schön sein kann. Es dürfe keine Unordnung in die sauber getrennten Gehege des bürgerlichen Lebens kommen – Arbeit / Intimsphäre / Politik / Religion / Kunst / Volksbelustigung / Wissenschaft etc. –, Bereiche, zwischen denen es nur Vermittlungen, aber auf keinen Fall Vermischungen geben dürfe, denn sonst bestehe die Gefahr, dass das Ganze zusammenstürzt. So gesehen sei das, was die antiautoritäre Bewegung vorgeführt habe, tatsächlich ein anarchistischer, weil nicht erlaubter Karneval gewesen. Und zwar umso mehr, als durch die wundersame Solidarisierung von Arbeitern und Studenten auch noch die kunstvolle soziale

Schichtung der spätkapitalistischen Gesellschaft zu kollabieren drohte.

Die Bewegung sprengte die überkommenen Abgrenzungen und Einzäunungen der funktional differenzierten Gesellschaft weniger durch vorgefasste Absicht als durch spontane Aktionen und ließ dadurch ein anderes Leben vorscheinen. Die SDS-Generation, der sich Peter Gente zurechnete, hatte zwar von Adorno gelernt, dass die Geschichte keine schöne Aussicht mehr lässt, aber diese unerwartete kollektive Hochstimmung schien für einen Moment eine Tür zu öffnen, durch die man aus der Geschichte austreten konnte.

Unübersehbar ist die Analogie zur Beschreibung seiner beiden großen Leseerlebnisse. So wie Ende der fünfziger Jahre Adorno und Mitte der siebziger Jahre Foucault, Deleuze und andere, so erlaubte die Studentenbewegung einen schönen, heißen Sommer lang eine gemeinsame Erfahrung der Überschreitung und Durchbrechung. Doch am Ende bleibt für den Leser Peter Gente 1968 nur eine Episode zwischen den Lektüren von Adorno und Foucault.

Ich fragte mich während unseres langen Gesprächs an diesem Novemberabend 1986, was er für eine Vorstellung seiner Wirkung nach diesen ganzen Irrungen und Wirrungen habe.

Also mir geht es darum, Coups zu landen, spielerisch so Sachen einzufädeln, also im intellektuellen Spiel mein eigenes Ding zu machen, ohne dass ich mich selbst mit dem Weltgeist verwechsle. Aber ich möchte so eine eigene kleine Geschichte machen, in meinen Möglichkeiten und in den Grenzen, in denen ich arbeite, und die Grenzen waren lange eng gesteckt, weil sich so ein kleiner Verlag finanziell nicht sehr lohnt. Ich bin auch kein Kaufmann, eigentlich nur ein passionierter Büchermacher. Und ich mache die Bücher im Grunde für mich selbst, denn ich habe das Gefühl, dass die anderen das gar nicht so sehr interessiert.

2009 hatte er das Archiv des Verlags für fünf Jahresraten von 20 000 Euro an das Zentrum für Kunst und Medien in Karlsruhe verkauft und lebte von dem Geld sieben Jahre lang im zwanzigsten Stock des Royal Lanna Hotels im thailändischen Chiang Mai. Nach ihrem Freitod hatte Peter einen Zettel von Heidi gefunden, so hat er es jedenfalls vielen erzählt, auf dem stand: »Die Lücke, die wir hinterlassen, ersetzt uns vollkommen.«

Die Übergabe

Das große Thema von 68 war Befreiung. Die Befreiung von einer Gesellschaft, in der alle nur davonkommen wollten. Wer beim Wiederaufbau nicht so schnell mitkam, wurde zur Seite gestoßen; wer Angst auf dem dünnen Eis des Beschweigens hatte, wurde mit Verachtung gestraft; wer darauf beharrte, dass nichts in Ordnung war, wurde ins Abseits gestellt.

»Kapitalismus« war das Synonym für eine falsche Welt, die auf Täuschungen, Verleugnungen und Abspaltungen beruhte. Und »Revolution« war das Signal für eine Bewegung, die die Körper für den Sex lockerte, die Ohren für den Beat öffnete und das Denken auf unerhörte Gedanken brachte. Und »Gesellschaft« war der Begriff, der Weigerung und Bindung, die Freiheit von etwas und zugleich die Freiheit für etwas begründete.

Das Projekt der Befreiung ist insofern radikal, als kein Stein auf dem anderen bleiben soll. Der Totalität des Wirklichen soll eine ebenso umfassende und unausweichliche Totalität des Möglichen entgegengesetzt werden. Für Befreiungsbewegungen, seien sie aus der Ersten oder aus der

Dritten Welt, existieren keine Grenzen institutioneller oder gar zivilisatorischer Art, die unbedingt eingehalten werden müssen. Es muss ein Sprung getan werden, der so absurd wie notwendig erscheint. Daher rührt der kurze und heftige Charakter von Bewegungen der Befreiung. Alle sollen von allem Falschen und Schlechten und Hässlichen befreit werden. Am Ende sogar von der Theorie der Befreiung. »Theorie wird vorausgesetzt und benutzt«, schrieb Adorno 1965/66 in einem Fragment zur Vorlesung über Negative Dialektik, »um sie in ihrer gängigen Gestalt abzuschaffen. Das Ideal einer veränderten wäre ihr Erlöschen.«

Aber aus den Prozessen der Befreiung folgen noch keine Praktiken der Freiheit. Wenn der Elan sich verbraucht hat, fängt der Katzenjammer an, weil man mit Schrecken zur Kenntnis nimmt, was an eindämmenden, ausgleichenden und schützenden Strukturen kaputtgegangen ist. Deshalb versucht man eine Unterscheidung zwischen den Errungenschaften der Freiheit und den Verwilderungen der Befreiung zu treffen. Es fällt den Aktivisten von 1968 zwar immer noch schwer, ein Gefühl für die Aggression zu entwickeln, mit der sie liberalen, für den Pluralismus einer freien Gesellschaft plädierenden Remigranten und Marx-Kennern wie Ernst Fraenkel an der Freien Universität Berlin oder Siegfried Landshut an der Universität der Freien und Hansestadt Hamburg begegneten, weil die in den unkonventionellen Methoden der Außerparlamentarischen Opposition eine Wiederkehr der Rollkommandos der SA sahen. Aber der Terror der aus der Studentenbewegung hervorgegangenen RAF war für die Bewegten die Wasserscheide, die den Unterschied zwischen einer Phase legitimer Gewalt gegen Sachen und Personen und einer bloß noch mörderischen Gewalt apokalyptischer Verirrung markierte. So erklärt sich, wie aus ungezügelten Aktionisten der Revolte wenig nachsichtige Verteidiger der freiheitlichen Ordnung werden konnten.

Womöglich fällt diese Betonung des Motivs der Befreiung zu schmeichelhaft für die 68er aus. 68 dauerte, wie Peter Gente unmissverständlich darlegte, im Grunde nur einen Sommer lang. Die Vorgeschichte mag zwar um 1964 begonnen haben, aber 1972 oder, wenn man großzügiger ist und den Terror des Deutschen Herbstes dazunimmt, spätestens 1977 war die Geschichte vorbei. Insgesamt steht 1968 also für eine Periode von zwölf oder dreizehn Jahren, die aber nach wie vor für eine Zäsur der Nachkriegsgeschichte genommen werden.

Ich selbst bin 1968 bei der ersten Demonstration meines Lebens mitgelaufen. Ich war damals vierzehn Jahre alt, und die Demonstration, zu der in der Innenstadt von Wuppertal-Elberfeld aufgerufen worden war, richtete sich gegen die Niederschlagung des Prager Frühlings durch die Panzer des Warschauer Pakts. Ich weiß noch, wie ich in der Menge der Demonstranten, die für mich wildfremde Menschen waren, eine Stärke fühlte, die ich sonst noch nie erlebt hatte. Es muss dann 1970 gewesen sein, als uns der ältere Bruder eines Klassenkameraden aus der Parallelklasse, mit dem ich auf eine geheime Weise verbunden war, mit zu einer Podiumsdiskussion nach Düsseldorf nahm. Da saßen unter Leitung eines Diskussionsleiters, an dessen Namen ich mich nicht mehr erinnere, der Soziologe René König, von dem ich wusste, dass er das *Fischer Lexikon Soziologie* herausgegeben hatte, in dem ich schon mal was nachgeschlagen hatte, der berühmte Herbert Marcuse, über dessen *Versuch über die Befreiung* der ältere Bruder schon bei einer Versammlung in der Wohnung eines noch Älteren mit einem gewissen Feuer in der Stimme gesprochen hatte, und Jean Améry. Den kannte ich aus Werner Höfers *Internationalem Frühschoppen*, der sonntags von 12 Uhr bis 12.45 im Fernsehen lief, als Publizisten aus Brüssel mit merkwürdigem österreichischen Akzent. Mir war damals nicht bewusst, dass alle drei von den Nazis aus Deutschland vertrieben worden waren und allein René König in die Bundesrepublik zurückgekehrt war. Jean Améry faszinierte mich aus einer unendlichen Ferne. Er stand als Publizist ohne feste Bindung an eine Zeitung für sich selbst und strahlte in der sonntäglichen Runde mit Zigaretten und Weißwein etwas aus, was ich später mit der Bezeichnung des Intellektuellen in Verbindung bringen konnte. Auf dem Podium wirkte er ganz für sich, distanziert zu Marcuse wie zu König. Bald nach dieser Begegnung mit meinem Vorbild las ich in seinem Essay »Die Tortur« aus dem Band *Jenseits von Schuld und Sühne*:

»Eine Welt, in der Marter, Zerstörung und Tod triumphieren, kann nicht bestehen, das ist offenbar. Aber es schert sich der Sadist nicht um den Fortbestand der Welt. Im Gegenteil: Er will diese Welt aufheben, und er will in der Negation des Mitmenschen, der für ihn auch in einem ganz bestimmten Sinne die ›Hölle‹ ist, seine eigene totale Souveränität wirklich machen.«

Da wusste ich, das ist mein Mann. Diesen Mut, die Dinge ohne Vorbehalt wahrzunehmen und zu riskieren, dabei an den Rand des Bösen zu gelangen, wollte ich auch haben. Den Sog zu verspüren, ohne ihm zu verfallen, das schien mir die Meisterleistung eines sich selbst aufs Spiel setzenden Ichs zu sein.

Dies veranschaulicht meinen frühen Versuch der Distanzierung von den 68ern, die sich so unglaublich wissend gaben wie der Bruder meines Klassenkameraden und dessen Freund aus dem schicken Düsseldorf. Allerdings versah ich mich in Gestalt von Jean Améry mit einem Idol dazwischen, das die Revolte der 68er mit Sympathie verfolgte, ihnen aber auch den Jargon und ein schwaches, nur der Imitation sich verdankendes Denken vorhielt.

Wie nah ich trotzdem der Erlebniswelt von 1968 war, ist mir im Deutschen Herbst von 1977 deutlich geworden. Am 9. November war Holger Meins aus der ersten Generation der RAF in der Justizvollzugsanstalt Wittich in der

Eifel im Hungerstreik gestorben, und am 10. November hatte ein Kommando der »Bewegung 2. Juni« den Kammergerichtspräsidenten Günter von Drenkmann als erstes Mordopfer des bundesrepublikanischen Linksterrorismus bei einem Entführungsversuch aus seiner Wohnung vor den Augen seiner Frau in Berlin erschossen. Ich war damals am Ende meines Studiums an der FU Berlin und schaute mir als Relikt meines Heranwachsens immer mal wieder den *Internationalen Frühschoppen* an. Am 17. November stand die Sendung unter der Überschrift »Leben als Wegwerfware? Die Toten von Wittich und Berlin«. Mit dabei war Jean Améry, der ein Jahr zuvor unter dem Titel *Hand an sich legen* sein Buch über den Freitod veröffentlicht hatte. Darin hatte er in für mich atemberaubender Konsequenz die Freiheit zum Tode als letzte und erste Freiheit der einzelnen Person begründet. Am Ende der Sendung wandte sich Werner Höfer an jeden Teilnehmer für ein letztes Statement. Die linksliberale Carola Stern appellierte an Ulrike Meinhof, die vor ihrem Abtauchen in die Illegalität so oft Teilnehmerin der Runde war, endlich aufzugeben. Ganz zum Schluss kam Jean Améry an die Reihe. »Verzeihen Sie, dass das so lange dauert. Das ist eine sehr schwierige Frage, die Sie mir stellen.« »Aufgeben, zur Besinnung kommen?«, drängte Höfer. »Nicht aufgeben.«

Ich war sprachlos. Mit diesen zwei Worten setzte er in der Atmosphäre des Deutschen Herbstes seine gesamte intellektuelle Existenz aufs Spiel. Die RAF war an der FU unter den Linken, die sich als undogmatisch verstanden und zu denen auch ich mich zählte, deshalb ein großes Thema, weil viele um ein paar Ecken welche kannten, die bei der Roten Hilfe engagiert waren oder die abends in den Kneipen Raubdrucke von Paul Watzlawicks Renner *Menschliche Kommunikation*, Schriften von Franco Basaglia über die Antipsychiatrie in Italien oder über die *Gefesselte Jugend* im Kapitalismus verkauften und ebenfalls mit dem Gedanken spielten, sich dem bewaffneten Kampf anzuschließen. Wäre das ein politischer Akt mit dem Einsatz der ganzen Person gewesen? Christian Klar, ein Hauptakteur der RAF aus der zweiten Generation, ist zwei Jahre älter als ich, und Wolfgang Grams, den man der dritten Generation zurechnet, war ein Jahr älter. So weit wäre der Weg mit Améry zur Roten Armee Fraktion gar nicht gewesen.

Man darf allerdings nicht vergessen, dass die Wirkungsgeschichte der Generation von 1968 mit den Toten des Deutschen Herbstes von 1977 nicht zu Ende gegangen ist. Das Projekt Rot-Grün brachte die 68er ein zweites Mal nach vorn, nachdem die deutsche Einheit von Helmut Kohl, den man als Jahrgang 1930 gerade noch zur Flakhelfer-Generation zählen kann, mit zwischenmenschlichem Geschick und mit dem Instinkt fürs Schicksalhafte bewerkstelligt worden war. Sie führten eine »neue Mitte« an, die sich aus einer festgefahrenen Gesellschaft befreien wollte. In den sieben Jahren von 1998 bis 2005 wurde die deutsche Gesellschaft tatsächlich durch das Dosenpfand, durch den Ausstieg aus der Atomenergie, durch die Öffnung des Staatsbürgerschaftsrechts für Deutsche nichtdeutscher Herkunft, durch das Nein zum Irakkrieg der USA und vor allem durch den Umbau des Wohlfahrtsstaats, der nicht mehr für alles sorgen, sondern nur noch das Nötige gewährleisten sollte, in den Grundfesten verändert.

Der Kanzler der Ruinenkinder hatte in der Regierungserklärung zu seinem Amtsantritt im August 1998 erklärt, eine Generation, die im Aufbegehren gegen autoritäre Strukturen und im Ausprobieren neuer gesellschaftlicher und politischer Modelle aufgewachsen sei, schicke sich jetzt an, mit dem Land einen neuen Pakt zu schließen, um gründlich mit der Stagnation und der Sprachlosigkeit aufzuräumen, in die die vorherige Regierung die Nation geführt habe.

Gerhard Schröder hat seinen Vater nie kennengelernt. 1944, in dem Jahr, in dem der Sohn geboren wurde, ist der Vater an der Front in Rumänien gefallen. In Biografien ist zu lesen, dass der Sohn 2001 zum ersten Mal ein Foto seines Vaters als Soldat der Wehrmacht gesehen und auf seinem Schreibtisch im Kanzleramt platziert habe. Und Joschka Fischer, Jahrgang 1948, kann sich an das Endspiel der Fußballweltmeisterschaft 1954 in Bern mit gemischten Gefühlen erinnern: Er wollte wie alle anderen über den Sieg der deutschen Mannschaft über die ungarische jubeln, sah aber seinen Vater, der nach dem Krieg aus Ungarn nach Deutschland gekommen war, als Einzigen weit und breit mit Tränen in den Augen.

Sofort hat man die Erlebnisschichtung der Ruinenkinder vor Augen. Die Väter, die entweder fehlten oder die als geschlagene Männer zurückkamen, die nichts richtig hingekriegt und die Dinge erlebt hatten, von denen niemand etwas wissen wollte, und die manchmal so merkwürdig sehnsuchtsvoll über die Schulter auf ein Leben zurückschauten, das einmal anders gewesen sein sollte.

Aber die konnten auch die Dinge nicht einfach so stehenlassen. Ihnen fehlte das Lässige und Lakonische, das die Soldaten der amerikanischen Siegermacht, weniger der sowjetischen oder britischen und gar nicht der französischen, ausstrahlten. Nicht weil die Kaugummis und Zigaretten hatten, sondern weil ihnen eine existentielle Großzügigkeit zu eigen zu sein schien, die sie vor dem Hadern, vor dem Grübeln und vor plötzlichen Ausbrüchen wütender Verzweiflung bewahrte. »Hallo Fräulein«, konnten sie der Mutter zuzwinkern, die sich selbst dann geschmeichelt fühlte, wenn sie hinter den Amis die Juden vermutete.

Den Kriegskindern, die in den Trümmern spielten und das Kontrolloch der Nachkriegsverhältnisse genossen, wurde zu verstehen gegeben, dass es vor ihnen in der Nazizeit so viel bedeutsames Leben gegeben habe, über das man jetzt besser den Mund hielt. Nicht nur in der Öffentlichkeit, sondern mehr noch zu Hause, wo die Geschichten von Vater und Mutter so sehr auseinandergingen, dass sich nichts überschneiden konnte. Es hing so viel in der Luft, über das die Eltern nie ein Wort verloren haben.

Zusammensein war für die Eltern nach 1945 kein Grundzustand, sondern eine komplizierte Leistung. Dazu mussten auch die Kinder ihren Beitrag leisten, indem sie einiges ergänzten, anderes ableiteten und vieles ignorierten. Sie blieben aber immer umkämpfte Bundesgenossen, weil die Väter ihre Schwäche und die Mütter ihre Stärke gespiegelt und bestätigt haben wollten. Wenn der Vater trank, mussten sie Verständnis haben, und wenn die Mutter stumm in die Luft stierte, auch.

Allerdings darf man sich das Aufwachsen in den Frauenhaushalten des Nachkriegs mit den gefallenen Männern und den verschollenen Vätern nicht harmonisch vorstellen. Die sprunghafte Liebe der Mütter war nicht immer leicht auszuhalten. Die Mädchen mussten mit einer Mutter zurechtkommen, der immer wieder mal alles zu viel war. Die brüllte, ohrfeigte, über die Noten auf dem Zeugnis die Stirn runzelte und mit einem Mal finster blickte. Aber man muss annehmen, dass die Töchter und die Söhne eine Ahnung hatten, woher das kam, und deshalb hinnahmen, was nicht zu ändern war.

Das Undankbare und Unfügsame der Ruinenkinder kam später. Aber nicht in der Familie, sondern in der Gesellschaft. Als mit dem Wirtschaftswunder die Ordnung wiederhergestellt werden sollte, die doch nie da war, machte man Schluss mit einer Wirklichkeit, worin alles von den Maschen der Gesellschaft eingefangen wurde. Der Augenblick der Befreiung sollte der Augenblick der Wahrheit sein. Nicht drinnen zu Hause, sondern draußen in der Eisdiele in Hildesheim, im Club Voltaire in Frankfurt am Main oder auf der Straße in Berlin, wo man im Einklang mit den Aufständischen von Paris und anderswo unter dem Pflaster den Strand sah.

Die Besonderheit des bundesrepublikanischen Falls liegt darin, dass die 68er eine zweite Chance bekamen. Das gab es weder in Frankreich, in Italien, in Japan noch in den USA, wo Bill Clinton als Mann der Babyboomer und nicht der Rebellen von Berkeley an die Macht kam. Aber kann man Rot-Grün wirklich als eine Reprise von 1968 begreifen? So wie heute die Operation Rot-Grün ein kontroverser Gegenstand der Zeitgeschichte ist, sind es die Akteure Schröder und Fischer natürlich auch. Die Kontroverse ist aber nicht nur eine der Beobachter, sondern auch eine der Teilnehmer. Viele 68er fragen sich selbst, ob Rot-Grün nicht eine Perversion der Ideen von 1968 dargestellt habe.

Es gibt die Fraktion, die die Repräsentanten ihrer eigenen Generation als Verräter von 1968 ansieht, weil sie als Propagandisten eines lügnerischen Neoliberalismus den menschenfressenden Finanzkapitalismus mit einer emanzipatorischen Fassade verbrämt haben. Sie haben Emanzipation mit dem gesellschaftlichen Aufstieg der Begabten und Ehrgeizigen unter den Frauen, Ostdeutschen, Schwulen und Lesben und Deutschen mit Zuwanderungsgeschichte gleichgesetzt und damit Gewinnerideologien und keine Befreiungspraxis gefördert. Als 68er, die sich nach wie vor als undogmatisch links fühlen, sind sie heute politisch heimatlos, weil sie weder Verbindungen von Sozialdemokraten und Grünen noch der Linken mit ihren sowjetischen Phantomschmerzen trauen.

Aber was sollen das für Ideen sein, an denen gemessen werden kann, ob sich die Dinge falsch oder richtig entwickelt haben? Das Leben folgt keinem roten Faden. Man verfolgt Pläne, trifft aber auf Bedingungen, die man nicht ändern kann; man verwickelt sich in Geschichten, die man sich nicht erklären kann; man verliert die Orientierung und muss auf Sicht fliegen. Weil wir aber mit unserem kontingenten Leben nicht allein dastehen wollen, suchen wir nach Resonanz bei den ungefähr Gleichaltrigen, bei denen wir ähnliche Bedingungen und Verläufe feststellen können. Für dieses »übertriebene Wir« der Generation, wie Julia Kristeva in einer Erinnerung an ihr 68 formuliert hat, stellt sich in fortgeschrittenem Lebensalter mit einer gewissen Unausweichlichkeit die Frage, was von uns bleibt und was mit uns verschwindet. Die eigenen Kinder, die am Ende für einen zu sorgen haben, sehen mehr die Unverwechselbarkeit und Einzigartigkeit der Eltern. Die Enkel, die weiter weg sind, haben mehr Sinn für das Wir im Ich der Großeltern. Sie repräsentieren die Frage nach der Übergabe der Erfahrungen in der Abfolge der

Generationen. Wird die Geschichte nicht zwischen den Großeltern und den Enkeln ausgemacht?

Bei der Generation der Enkel der 68er, die jetzt Anfang zwanzig sind, gilt nach langer Zeit wieder eine Idee jungen Linksseins als attraktiv. In den USA ist sogar schon von einem neuen 68 die Rede. Dieses akademisch gebildete Linkssein hat jedoch wenig mit Befreiung und viel mit Gerechtigkeit zu tun. Es sind die jungen Bernie Sanders-Jeremy Corbyn-Jean-Luc Mélenchon-Anhänger, die weder die Kandidatin des Finanzkapitals noch den Kandidaten des Hasses wählen wollen. Sie sind durch drei Dinge motiviert. Erstens stehen sie unter dem Eindruck, dass die erheblichen privaten Bildungsinvestitionen, die sie in Gestalt von Studienkrediten, Leistungseifer und Weltbildaneignung tätigen, sich nicht durch den Erwerb entsprechender beruflicher und gesellschaftlicher Positionen auszahlen. Sie haben solch neuartige Fächer wie Theaterwissenschaften, Visuelle Kommunikation oder Stadtforschung oder auch Change Management, Biodesign oder Medienrecht gewählt, die zum Wachstum der Universitäten überall auf der Welt beitragen, und sehen ihre Zukunft auf »Winner-Take-All«-Märkten, auf denen sich nur ganz wenige durchsetzen und wo Zufälle wichtiger als Zertifikate sind.

Für sie findet zweitens die politische Willensbildung vor allem im Netz statt. Sie sind damit aufgewachsen, dass ein Tweet, ein Posting oder ein Snapshot eine Bewegung in Gang setzen kann, die plötzlich exponentiell wächst und zu ganz realen Aktionen auf Plätzen, bei Festivals oder um die Ecke führt.

Und drittens stehen für sie die Themen des Respekts, der Diversität und der Wertschätzung an erster Stelle. Sie wollen nicht die große Befreiung der Gesellschaft, sondern Gerechtigkeit für Lebensentwürfe, die einer vorgestellten Mehrheitsgesellschaft zuwiderlaufen. Sie haben die Botschaft der Kultur- und Medienwissenschaften verinnerlicht, dass die Sprache ein Bild der Gesellschaft ist, und deshalb achten sie streng darauf, wie durch unangemessene Bemerkungen, Witze auf Kosten anderer und durch das Gehabe majoritärer Selbstverständlichkeit Bemühungen um ein eigenes Leben der Lächerlichkeit preisgegeben oder zum Schweigen gebracht werden. So soll der Zirkel aus Angst, Schuld, Vorwürfen und Rachegefühlen bei den Unterworfenen und Eingemeindeten gesprengt werden. Ihr Eintreten für soziale Gerechtigkeit hat nichts mit Besserstellung für Geringqualifizierte oder mit der Korrektur der progressiven Besteuerung zu tun. Die selbstgerechte Mehrheit soll sich vielmehr über ihr Privileg klar werden, sich nicht für ihre sexuelle Präferenz, nicht für ihre religiösen Einbettungen, nicht für ihre imperiale Lebensweise und nicht für ihre Haut- und Haarfarbe rechtfertigen zu müssen. Das neue Lexikon der sozialen Gerechtigkeit enthält in globalem Englisch Einträge wie *microaggression* (beiläufige Demütigungen), *cultural appropriation* (kulturelle Enteignung), *safe spaces* (Schutzzonen für gedeihliche Selbstentfaltung), *trigger warning* (Warnhinweise auf belastendes Verhalten anderer), *victimhood culture* (Opfer- und Verliererkulturen), *critical whiteness* (das Normalitätsprivileg weißer Frauen und Männer aus dem globalen Norden). Bei diesen Enkeln der 68er handelt es sich offenbar um eine Generation von rigoroser Empfindlichkeit, medialer Versiertheit und affektiver Mobilisierbarkeit.

Camilla Blisse würde wohl bei allem Verständnis für die Kritik der falschen hegemonialen Kategorisierungen die Gefahren einer solchen Polizei des richtigen Lebens zu bedenken geben; Peter Gente würde diesen neuen puritanischen Ernst, der nichts kostet, vermutlich lächerlich finden; Adelheid Guttmann würde bei den Rächern der sozialen Ungerechtigkeit die Bereitschaft vermissen, sich woandershin aufzumachen; Klaus Bregenz würde wohl mit Adorno einwenden, dass das sich selbst schützende Subjekt, das sich im absoluten Gegensatz zur Gesellschaft versteht, nur deren innerstes Prinzip zum Ausdruck bringt; und Peter Märtesheimer würde beim Teilen aller Kritik an den zerstörerischen Wirkungen des Finanzkapitalismus die Polarisierung unserer Gesellschaft zwischen den gebildeten Kadern des Kosmopolitismus und dem anders gebildeten Volk in den Ländern der Welt beklagen. Er wäre jedoch erschrocken über die achselzuckende Hinnahme und die herablassende Ratlosigkeit, die er bei den Enkeln über diese Tatsachen einer auseinanderdriftenden Gesellschaft festzustellen meinte.

Aber die 68er hatten es auch einfacher. Ihre Bewegung der Befreiung war für sie selbst am Ende eine Bewegung des sozialen Aufstiegs. Nach der Nullstellung der deutschen Gesellschaften in Ost und West hatten sie als geburtenstarke Nachkriegsjahrgänge in einem Boom der Weltwirtschaft freie Bahn. Sie profitierten als Schüler und Studenten, wie man damals noch ohne alle Gendersensibilität sagte, von der Verbreiterung der Bildungszugänge durch zweite und dritte Bildungswege und als Stellensuchende vom weiteren Ausbau des Bildungssystems und des Wohlfahrtsstaates insgesamt. Zudem boten sich im rekonstruierten Verlags- und Pressewesen neue Beschäftigungsmöglichkeiten. Nicht zuletzt wuchs der Rekrutierungsbedarf fürs mittlere und höhere Management der Betriebe. Man musste sich als Hochschulabsolvent schon ziemlich dumm anstellen, um nicht der Qualifikation entsprechend unterzukommen. Im Grunde wartete man in den historischen Abbruchunternehmen der DDR und der Bundesrepublik auf eine junge Intelligenz, die sich jetzt anders einbringen würde.

Bei den von mir hier geschilderten Fällen fällt zudem die Herkunft aus Flucht und Vertreibung auf. Sie stammen alle aus Familien, die ihren vormaligen Sozialstatus und ihre Verhaltensheimat in einem deutschen Ostgebiet eingebüßt hatten und mit Hilfe ihrer Kinder wieder auf die Beine kommen wollten. Und über alle fünf kann man sagen, dass sie es auf jeweils eigene Art und Weise geschafft haben, über 1968 in eine Position zu gelangen, auf die ihre Eltern beziehungsweise Mütter stolz sein konnten. So hat die 68er-Generation ihre Rolle im Familienroman der Bundesrepublik gefunden.

Was bleibt von der Idee der Befreiung, was von der Sehnsucht nach Welt, was von der Ernüchterung über Strukturen langer Dauer?

Man kann jetzt an ältere Internisten mit einem Faible für Porsche denken, die sich als freudige Abenteurer noch mit Mitte siebzig bei den »Ärzten ohne Grenzen« engagieren; aber auch an den pensionierten Lehrer, der mit der Uneingelöstheit seiner gesellschaftsverändernden Ambitionen hadert und die Welt mehr und mehr am Abgrund sieht. Man kann an die Rennrad fahrende Psychotherapeutin denken, die unverdrossen ans persönliche Wachstum glaubt und nicht müde mit dem zivilgesellschaftlichen Engagement wird; oder an die Professorin, die nie davon ausgegangen ist, dass die Menschheit vernünftig wird, und die sich trotzdem auf eine unbelehrbare Weise dem Unglück auf der Welt entgegenstellt.

Sehen so die Lebensmodelle aus, die die 68er ihren Enkeln übergeben können? Damals hatte ihnen Adorno mit auf den Marsch durch die Institutionen gegeben, dass es einem umso schwerer wird, sich in der Gesellschaft nützlich zu machen, je mehr man von der Gesellschaft versteht. Heute würden sich vielleicht manche der Angekommenen damit beruhigen, dass alles seine Zeit hat.

Literatur

Jean Améry, Die Tortur, in: ders., *Jenseits von Schuld und Sühne. Bewältigungsversuche eines Überwältigten* (1966), München 1970, S. 33–54.
Theodor W. Adorno, *Minima Moralia. Reflexionen aus dem beschädigten Leben* (1951), Frankfurt am Main 1970.
Ders., Zum Verhältnis von Soziologie und Psychologie (1955), in: ders., *Gesammelte Schriften*, Band 8: *Soziologische Schriften I*, Frankfurt am Main 1997, S. 42–92.
Ders., Theorie der Halbbildung (1959), in: ders., *Gesammelte Schriften*, Band 8: *Soziologische Schriften I*, Frankfurt am Main 1997, S. 93–121.
Ders., Vorlesungen über Negative Dialektik. Fragmente zur Vorlesung 1965/66. *Nachgelassene Schriften*, Abteilung IV: *Vorlesungen*, Band 16, Frankfurt am Main 2003.
Ders., Einleitung in die Soziologie (1968). *Nachgelassene Schriften*. Abteilung IV: *Vorlesungen*, Band 15, Frankfurt am Main 1993.
Louis Althusser, *Freud und Lacan. Die Psychoanalyse im historischen Materialismus*, Berlin 1976.
Gregory Bateson u. a., *Schizophrenie und Familie*, Frankfurt am Main 1969.
Karl Heinz Bohrer, *Die gefährdete Phantasie, oder Surrealismus und Terror*, München 1970.
Hannes Böhringer/Andreas Hiepko/Frithjof Thaetner, *Für Heidi Paris 24.5.1950–15.9.2002. Drei Trauerreden*, Berlin 2003.
Pierre Bourdieu, *Homo Academicus*, Frankfurt am Main 1988.

Rolf Dieter Brinkmann, *Rom, Blicke*, Reinbek bei Hamburg 1979.
Heinz Bude, *Deutsche Karrieren*. Lebenskonstruktionen sozialer Aufsteiger aus der Flakhelfer-Generation, Frankfurt am Main 1987.
Ders., *Bilanz der Nachfolge*. Die Bundesrepublik und der Nationalsozialismus, Frankfurt am Main 1992.
Ders., *Das Altern einer Generation*. Die Jahrgänge 1938–1948, Frankfurt am Main 1995.
Ders., *Generation Berlin*, Berlin 2001.
Ders., Die existentielle Geste. Jean Amérys Begriff des Politischen, in: Ulrich Bielefeld und Yfatt Weiss (Hg.), *Jean Améry »… als Gelegenheitsgast ohne jedes Engagement«*, Paderborn 2014, S. 95–103.
David Cooper, *Reisen durch den Wahnsinn*, Berlin 1978.
Mariarosa Dalla Costa und Selma James, *Die Macht der Frauen und der Umsturz der Gesellschaft*, Berlin 1973.
Gilles Deleuze und Michel Foucault, *Der Faden ist gerissen*, Berlin 1977.
Jacques Derrida, Von der beschränkten zur allgemeinen Ökonomie. Ein rückhaltloser Hegelianismus, in: ders., *Die Schrift und die Differenz*, Frankfurt am Main 1972, S. 380–421.
Michel Foucault, *Wahnsinn und Gesellschaft*, Frankfurt am Main 1973.
Jürgen Habermas, *Protestbewegung und Hochschulreform*, Frankfurt am Main 1969.
Hans Egon Holthusen, *Der unbehauste Mensch*. Motive und Probleme der modernen Literatur. Neuausgabe München 1964.
Alexander Kluge, Der Luftangriff auf Halberstadt am 8. April 1945, in: ders., *Neue Geschichten*. Heft 1–18. »Unheimlichkeit der Zeit«, Frankfurt am Main 1977, S. 33–106.
Wolfgang Kraushaar, *Die Bombe im jüdischen Gemeindehaus*, Hamburg 2005.
Julia Kristeva, Eine Erinnerung, in: *Schreibheft*, Nr. 26, 1985, S. 134–143.
Ronald D. Laing, *Phänomenologie der Erfahrung*, Frankfurt am Main 1969.
Il Manifesto, Terrorismus der Starken und der Schwachen, Berlin 1972.
Karl Mannheim, Das Problem der Generationen, in: ders., *Wissens-*

soziologie. Auswahl aus dem Werk, Neuwied/Berlin 1970, S. 509–565.

Karl Markus Michel, Ein Kranz für die Literatur. Fünf Variationen über eine These, in: *Kursbuch 15*, 1968, S. 169–186.

Friedrich Nietzsche, Also sprach Zarathustra, in: ders., *Sämtliche Werke*, hg. von Giorgio Colli und Mazzino Montenari, Band 6, München, Berlin, New York 1980, S. 335–349.

Helke Sander, *Der letzte Geschlechtsverkehr und andere Geschichten über das Altern*, München 2011.

Paul Veyne, Wie man Rom schreibt. Gespräch mit François Ewald, in: ders., *Aus der Geschichte*, Berlin 1986, S. 27–39.

Dank

Die Idee und der Entschluss, dieses Buch zu schreiben, gehen auf einen Sommeraufenthalt in den Südtiroler Bergen zurück. Thomas Medicus schrieb eine Whatsapp mit der Frage, was ich denn zur fünfzigjährigen Wiederkehr von 1968 zu sagen hätte. Karin Wieland brachte mich auf die Idee, noch einmal die Gespräche zur Hand zu nehmen, die ich zwischen 1987 und 1989 mit Angehörigen der Generation von 1968 geführt hatte. Frieder Berghäuser und Jost Kienzle haben mich auf einer Bergwanderung auf dem Ritten darin bestärkt, dass sie ein handliches kleines Buch zur Sache gerne lesen würden. Und Rainer Moritz hat mir versichert, dass sich 2018 die letzte Gelegenheit vor der endgültigen Historisierung von 1968 böte.